Criative-se
e resolva problemas com inovação

Editora Appris Ltda.
1.ª Edição - Copyright© 2025 da autora
Direitos de Edição Reservados à Editora Appris Ltda.

Nenhuma parte desta obra poderá ser utilizada indevidamente, sem estar de acordo com a Lei nº 9.610/98. Se incorreções forem encontradas, serão de exclusiva responsabilidade de seus organizadores. Foi realizado o Depósito Legal na Fundação Biblioteca Nacional, de acordo com as Leis nos 10.994, de 14/12/2004, e 12.192, de 14/01/2010.

Catalogação na Fonte
Elaborado por: Dayanne Leal Souza
Bibliotecária CRB 9/2162

	Tavares, Jéssica
T231c	Criative-se: e resolva problemas com inovação / Jéssica Tavares. – 1. ed. –
2025	Curitiba: Appris, 2025.
	117 p. ; 21 cm.
	ISBN 978-65-250-7160-2
	1. Criatividade. 2. Desenvolvimento pessoal. 3. Metodologia de inovação. 4. Mentalidade criativa. 5. Soft skill. I. Tavares, Jéssica. II. Título.
	CDD – 370.157

Editora e Livraria Appris Ltda.
Av. Manoel Ribas, 2265 – Mercês
Curitiba/PR – CEP: 80810-002
Tel. (41) 3156 - 4731
www.editoraappris.com.br

Printed in Brazil
Impresso no Brasil

Jéssica Tavares

Criative-se
e resolva problemas com inovação

editorial
Curitiba, PR
2025

FICHA TÉCNICA

EDITORIAL	Augusto V. de A. Coelho
	Sara C. de Andrade Coelho
COMITÊ EDITORIAL	Marli Caetano
	Andréa Barbosa Gouveia (UFPR)
	Edmeire C. Pereira (UFPR)
	Iraneide da Silva (UFC)
	Jacques de Lima Ferreira (UP)
SUPERVISORA EDITORIAL	Renata C. Lopes
PRODUÇÃO EDITORIAL	Adrielli de Almeida
REVISÃO	Ana Lúcia Wehr
DIAGRAMAÇÃO	Amélia Lopes
CAPA	Lívia Costa
REVISÃO DE PROVA	Daniela Nazario

Criar e inovar,
A parte bela de histórias pra contar.
Mas é quando surgem problemas para solucionar
Que até mesmo os mais sábios começam a gaguejar.

Quem lembra quando usa um iPhone,
Que seu criador era um pouco arrogante?
Quem acaso conta os perrengues
Se seu final foi triunfante!

A verdade é que a estrada para Oz é longa,
E apesar dos tijolos serem de ouro,
Para realizar seus sonhos é preciso acreditar
Que ao final do arco-íris tem muito mais do que um tesouro.

Mas afinal, seria tão simples ou tão
complexo o caminho para a solução?
A resposta, minha cara Alice, é: Depende.
No fundo, não basta para si mesmo olhar,
Mas sim para o mundo, muito além do que é aparente.

(Jéssica Tavares)

Agradecimentos

Ahhh, eu escrevi um livroooo! Sim! É compartilhando essa alegria que eu chego aqui nesta página de agradecimentos.

Que sensação gostosa de concluir este material, que eu acredito que vai ajudar e transformar tantas vidas, como transformou a minha.

Não tenho como não agradecer a Deus, o criador do universo e que compartilha conosco esse atributo tão lindo de criar e gerar ideias. Na sequência, meu marido e incentivador, que, tantas vezes ao longo dessa jornada, me perguntava: como está indo seu livro? E não me deixou esquecer, desistir ou desanimar. Agradeço também à minha amiga Tati, que não foi minha convidada para escrever este prefácio por acaso, mas porque, ao me ouvir pela primeira vez falar da Mentalidade 3 A, me disse: "Amada, isso precisa virar um artigo" – e virou um livro inteiro, uau!

Tenho também minha torcida organizada com minha irmã, meus pais e tios, que, por participarem tão ativamente de tantos momentos e experiências que compartilhei nestas páginas, pude registrar todas elas.

Agradeço imensamente a toda a equipe do Grupo Editorial Appris, que, desde a aprovação do meu original, vem incentivando-me a me desenvolver e é minha grande parceira nesta realização.

Por aqui vou cessar a citação de nomes para não estender esta singela página de agradecimentos, mas não posso deixar de expressar o quão grata estou a você, querido leitor, que confiou neste material para aprender um pouco mais e resolver problemas com a criatividade. Espero que eu tenha contribuído com seu crescimento e aprendizado e que você conquiste muitas soluções com uma Mentalidade Aberta, Atenta e Ativa.

Dedico esta obra a você, leitor, às minhas mentoras, aos meus familiares que me apoiaram e, claro, ao meu maior incentivador, meu marido amado Tiago Tavares.

Não posso deixar de dedicar este conteúdo a uma geração que eu amo do mais profundo do meu coração e aprendo a cada dia: Gen Z. Escrevi muito das próximas páginas pensando em vocês e espero ser uma boa troca para ajudá-los a enfrentar os desafios da vida com menos ansiedade e mais confiança para que vocês voem ainda mais alto, ampliando seus horizontes com uma criatividade aflorada, conectando essa quantidade de informações que vocês absorvem sem preconceito, com grandes soluções e invenções para o futuro.

Aos leitores de todas as gerações, nunca é cedo ou tarde para ser mais criativo. Que as próximas páginas sejam sua boa companhia, fazendo rir, refletir e aprender mais. Que seus problemas não sejam monstros, mas, sim, oportunidades de crescer, evoluir, romper crenças, aprender e criar. Afinal, meu convite para você começa aqui: criative-se!

Apresentação

Jéssica Tavares, em sua cativante estreia como autora, ensina, de maneira prática, divertida e acessível, como desenvolver uma mentalidade favorável à criatividade; uma das competências mais buscadas no mundo atual. Mais do que favorecer o surgimento de novas ideias e criações artísticas, Tavares apresenta, em suas páginas com exemplos práticos e referência a grandes nomes, que a criatividade é uma verdadeira ferramenta para a solução de problemas e conquista de objetivos, além de atribuir maior leveza à vida e proporcionar mais calma à agitação mental cotidiana, que ganhará pausas estratégicas e favoráveis ao desenvolvimento da criatividade.

Prefácio

Escrever o prefácio deste livro tão enriquecedor é uma grande honra para mim, e faltam-me palavras para descrever a admiração que tenho pela Jéssica Tavares, uma líder criativa, atenta, dinâmica, inteligente, sensível, humana e resolutiva, que tive o prazer de conhecer em minha trajetória.

Criative-se: e resolva problemas com inovação é um livro escrito com verdade, sensibilidade, leveza, dinamismo e de forma motivadora, que impulsiona o leitor a querer colocar em prática as lições aprendidas com Jéssica em sua jornada de reflexão sobre criatividade e inovação, competências muito valorizadas nos dias atuais.

Na visão da autora, criatividade não é um dom, mas uma ferramenta marcante na sua vida, que poderia ser ensinada para outras pessoas. Suas reflexões deram origem à **Mentalidade 3 A**, uma mentalidade que resolve, criada por Jéssica Tavares, e que significa ter uma mente **Aberta, Atenta e Ativa**.

Criative-se quebra crenças sobre ser criativo e nos ensina que todos podemos desenvolver essa habilidade. Jéssica acredita que criatividade é a capacidade de conectar informações por meio do próprio repertório pessoal, no qual se encontram dados importantes e que podem trazer respostas e soluções para qualquer desafio.

A criatividade e as soluções de problemas estão dentro de cada um de nós, como sugere a autora, e autoconhecimento, amadurecimento e resolução de problemas são fundamentais para usar a criatividade de forma resolutiva e assertiva.

Leitura inspiradora para lideranças e profissionais de qualquer área, todas as gerações, em especial a Gen Z, alvo de dedicatória da nossa autora. Aprecie e mergulhe nas páginas escritas com tanta profundidade por Jéssica, baseadas em suas reflexões diárias.

Com muita gratidão,

Tatiana Marzullo

CEO Agência A+

Fundadora e líder do Programa Salto Alto

Sumário

Introdução 17

Capítulo 1.
O Começo 21

Capítulo 2.
Uma mentalidade que resolve 31

Capítulo 3.
Mentalidade 3 A & Criatividade 45

Capítulo 4.
Mentalidade 3 A & Solução de Problemas 59

Capítulo 5.
Mentalidade 3 A & Inteligência Emocional 71

Capítulo 6.
Mentalidade 3 A & Liderança 79

Capítulo 7.
A Mentalidade 3 A & Prosperidade 87

Capítulo 8.
Desenvolvendo a Mentalidade 3 A 97

Conclusão
Energia para suas Ideias 113

Introdução

Bom, fiquei na dúvida sobre qual seria a melhor forma de começar a escrever este livro, então, decidi, antes de qualquer coisa, apresentar-me.

Nasci em São Paulo e vim de uma família simples, mas que, com muita dedicação, trabalho e investimento dos meus pais, tanto eu como minha irmã (gêmea, porém totalmente diferente) tivemos acesso a boas oportunidades nos estudos.

Ainda no colégio, eu desenvolvi uma forte competitividade, no entanto eu era muito ruim nos esportes, lenta e fraca para correr e sempre a última a ser escolhida. Matemática não era meu forte também, então eu nunca era classificada para campeonatos. Logo, desde muito nova, eu me vi com um problema a ser resolvido: eu queria vencer algo!

Como boa competidora que sou, dediquei-que a aprender a pular elástico, ginástica, melhorei nos esportes, consegui passar em Matemática (e isso já foi uma vitória). Na Igreja, também me dediquei muito em conhecer versículos de cor e abrir a Bíblia mais rápido que todo mundo. Mas o reconhecimento só chega para os melhores, e eu ainda não tinha tido nada que me destacasse.

Foi então que eu entendi que tinha uma coisa na qual eu era melhor que todo mundo. Meus cadernos desenhados, a lombada da Bíblia pintada, meus artesanatos e panos de prato pintados mostravam mais do que um talento artístico, mas uma facilidade em CRIAR!

Foi então que surgiu a oportunidade de participar de um concurso de redação no colégio. Eu estava no segundo ano do ensino médio, e, como parte de uma campanha de conscientização contra o uso de drogas, o tema do concurso naquele ano seria "Uma carta a um amigo drogado". PQP! Que tema chato.

Mas ok, regras fazem parte, e falar de um tema de que eu não gostava tornava o desafio mais interessante para mim, uma pessoa tão competitiva.

Fiquei pensando o que escrever para uma pessoa que, para começo de conversa, nem sequer seria minha amiga. Eu era de uma família conservadora, criada na Igreja, e que, em meu contexto, não concebia em meu racional ter um amigo usuário de drogas... Foi então que aconteceu pela primeira vez! Eu precisei ABRIR minha mente.

E ao fazê-lo, a ideia veio... mais do que escrever mais do mesmo para aquele amigo imaginário que em poucos minutos ganhou o lugar de BFF, minha carta não teria conselhos ou sermões, mas teria emoção. Ela teria lembranças, lágrimas e remorso de uma amiga que apresentou as drogas para ele e estava arrependida, vendo em que ponto aquele amigo querido chegou.

Minha história foi tão realista e emocionante que, antes de ganhar o prêmio, me perguntaram se eu tinha realmente um amigo naquelas condições. Uau! Que poder incrível a criatividade tem!

Por esse motivo, entre outros fatos de minha adolescência e juventude que você vai conhecer mais para a frente, escolhi cursar a faculdade de Publicidade e Propaganda.

No entanto, naquela época, eu confundia muito criatividade com talento, e talvez você, ao ver um livro com o título "CRIATIVE-SE", pode estar lendo até aqui pensando: mas não é?

A verdade é que não. Criatividade e inovação são ferramentas que podemos desenvolver por meio de ambientes, referências, formas de pensar e ver as situações, além de treinar nossa mente e nosso comportamento para responder aos estímulos e conectar as informações da melhor forma para nascer uma ideia.

O filósofo Platão, em uma de suas teorias, descreve a existência de um Mundo das Ideias, um lugar onde estariam as essências das coisas, os conceitos, as ideias fixas e imutáveis que descrevem essencialmente cada ser ou objeto existente. Esse "ambiente" poderia ser acessado apenas por meio da capacidade racional do ser humano. Mantenham a calma, queridos Gen Z, não estamos falando dos arquivos em nuvem aqui, apesar de o conceito ser parecido. Você já passou por aquela situação em que você tem uma ideia e, tempos depois, outra pessoa, em outro lugar do mundo, sem nenhuma conexão com você, tem a mesma ideia? E o pior: a outra pessoa consegue implementar, lançar e patentear a ideia, ganhar dinheiro com ela, e você fica pensando: "poderia ter sido eu..."? É exatamente essa situação que a filosofia tenta responder.

Eu concordo em parte com Platão, que as ideias estejam soltas por aí, mas não acredito que exista um Mundo das Ideias especificamente; eu acredito que as informações e referências estão em nossa realidade, soltas e aleatórias. E a ideia vem do quão atentos estamos a essas informações para identificarmos padrões, tendências e referências, assim como o quão ativos estamos para conectar essas informações de forma que elas virem de fato IDEIAS.

Isso é Criatividade. A capacidade de conectar informações a ponto de gerar algo novo para aquele cenário; e é sobre como desenvolver uma mentalidade criativa e eficaz na solução de problemas usando a criatividade.

Capítulo 1.

O Começo

Eu estava iniciando meu terceiro período na faculdade de Publicidade e Propaganda. Até então, a grade do curso só havia contemplado matérias que eu considerava muito chatas, como Sociologia, Filosofia, História da Arte e da Comunicação... A minha expectativa estava alta para iniciar o novo período em que eu finalmente aprenderia Redação Publicitária, Promoção de Vendas e a tão sonhada Criação Publicitária!

Apesar de não ter seguido no *design*, e o motivo disso eu vou deixar para as próximas páginas, o que me moveu a escolher Publicidade e Propaganda para meu bacharel foi uma forte característica minha, que é a criatividade. Eu nunca pude deixar um espaço em branco no papel sem desenhar algo, ou caprichar nas letras e nos títulos, antes mesmo da moda do *lettering*[1]. Apesar de ter flertado com as ciências biológicas quando cheguei a cogitar Veterinária ou Enfermagem; ou até mesmo ter pensado em ir para o Direito, por conta da minha facilidade em reunir dados e elaborar respostas bem fundamentadas e coerentes, eu sempre tive um viés artístico forte e, com ele, sempre resolvi problemas.

A calça do uniforme estava curta? Eu recortava a barra de outra calça que não me servia mais e costurava no uniforme, não apenas alongando a perna, mas customizando minha calça e ganhando exclusividade! Eu via um arquinho[2] sem graça e tinha um pacote de balões coloridos em casa? Eu criava um lindo adereço de cabelo colorido e divertido! E esse sempre foi meu jeito de ver e viver o mundo, criando soluções eficientes com o que eu tinha em mãos.

---

[1] *Lettering,* ou Arte *Lettering,* é como é conhecida a arte de desenhar letras como se fossem formas ou símbolos, que permite combinar diferentes estilos, tamanhos e cores. A prática se tornou mais popular com as redes sociais, onde uma das *trends* envolveu o compartilhamento das páginas e capas de cadernos dos adolescentes.

[2] Nome popular de tiara, um acessório designado para se encaixar ao redor da cabeça, geralmente para prender o cabelo e impedir que ele caia sobre a face. Usado também como adorno, é conhecido por seu formato em arco, geralmente fabricado em plástico ou arame.

Antes mesmo da faculdade, na época ainda do colégio, tínhamos um computador com processador Pentium em casa, com monitor de 15", o que na época era algo de última geração, e eu usava o Powerpoint para desenvolver meus *designs* de produtos *fake*. Meu preferido era um sabão em pó de nome "LIMPO", que tinha a embalagem em tons de verde, letras alaranjadas e bolhas brancas translúcidas. Apenas um parêntese: é que isso foi por volta de 1995 ou 1996, e apenas em 1998[3] a marca de sabão em pó Ariel (desenvolvida e comercializada pela Procter & Gamble) chegou ao Brasil, usando praticamente a mesma composição de cores no *layout* da embalagem; até então minha única referência de embalagem para o produto era o OMO, que sempre usou tons de azul na caixa. Você pode achar que era apenas coincidência, mas eu atribuo a uma forma de pensar, conectar, entender tendências e inovar, que meu cérebro já utilizava, e com isso, desenvolvi minha criatividade. Essa metodologia, inclusive, será o ponto central deste livro.

Saindo de minha época de escola e indo para meu momento da faculdade, sobre o qual eu estava contando nos parágrafos anteriores, após passarem as aulas teóricas – chatas, porém necessárias –, lá estava eu entrando na tão esperada disciplina de Criação Publicitária! Eu só conseguia pensar: que professor legal, que conteúdo inspirador e, ao final, que trabalho assustador!!! Trabalho esse que seria a criação de uma peça publicitária que deveria ser entregue impressa e aplicada em prancha com 5 centímetros de borda em cada lado, para ser apresentada junto da defesa criativa. Meu cérebro rapidamente começou a converter tudo em processos. Muita gente possivelmente se desesperaria com a ideia de precisar apresentar a peça, mas isso para mim era fácil;

---

[3] Conforme publicação de 14 de junho de 2006, no blog Mundo das Marcas: mundodasmarcas. blogspot.com

eu sempre gostei de falar em público, e seria o mais fácil de tudo. A parte da criação estava OK também; eu era boa em ter ideias (inclusive já tinha experiência na criação de embalagens de sabão em pó) e já tinha pensado em três caminhos diferentes. A execução criativa não seria um problema, pois eu tinha computador e sabia mexer razoavelmente bem no Corel Draw e Photoshop, que aprendi antes mesmo da faculdade.

A parte da produção seria o gargalo. Como a aula de Criação Publicitária foi colocada antes de Produção Gráfica na grade?! Eu não tinha ideia de como eu produziria meu trabalho. Tudo o que eu sabia sobre gráficas é que imprimiam em grandes quantidades e demoravam dias. Produzir em casa também não era uma opção; além de não ter uma impressora, eu precisaria achar uma *lan house*[4] ou algum lugar que imprimisse meu material com qualidade. Mas o que mais me tirava o sono era o fato de que eu ainda precisaria descobrir o que era a tal prancha e onde comprá-la.

Eu estudava à noite; então, voltando para a casa, não tinha muito o que fazer para resolver. Lembro-me de ter entrado no ônibus e, olhando pela janela para a rua e as lojas do centro de Campinas, vi uma papelaria que estava fechada e sob o nome havia escrito: "Materiais Escolares, Escritório e Gráfica Rápida". Como assim, "Gráfica Rápida"?! Isso existe mesmo?? Fui dormir curiosa e animada com a premissa de que parte de meu problema poderia ser resolvida.

No dia seguinte, enquanto ia para a faculdade, fiz questão de parar na tal papelaria antes. Entrei e fui caminhando até o

---

[4] *Lan house* é o nome dado ao estabelecimento no qual é oferecido o uso de computadores ligados em rede para acesso à internet e a programas em geral, como os jogos eletrônicos e/ou soluções de escritório. Também popularizado como *cyber* cafés, era um serviço muito utilizado no início dos anos 2000, quando os *laptops* ainda não eram acessíveis à grande parte da população. Logo, as *lan houses* permitiam que uma pessoa acessasse um computador de forma remota, ou sem necessariamente ter um em casa.

fundo, passando pelos corredores de canetas, cadernos, lápis de cor, pastas, e... lá estava o balcão! Como que completamente iluminado, ele brilhou aos meus olhos. Atrás dos dois funcionários que não pareciam tão felizes quanto eu estava com o lugar, eu vi diversas impressoras trabalhando ativamente, das quais saíam páginas e mais páginas impressas em preto e branco e em CORES.

Parei em frente ao balcão e perguntei a um dos rapazes ali sentados em frente a um computador: "Eu consigo imprimir um trabalho da faculdade aqui?". Sem olhar para mim, ele apenas me devolveu uma pergunta: "Você está com ele aí?". Confusa, tudo o que eu respondi foi: "Não, eu preciso imprimir ele. Está no meu computador".

Minha comunicação podia até não ser ainda uma competência que eu tinha completamente desenvolvida, mas, certamente, não era o forte daquele rapaz. No entanto, minha resposta inocente foi suficiente para ele parar o que estava fazendo, se virar para o balcão onde eu estava e me explicar que eles poderiam imprimir qualquer coisa, fosse em colorido, fosse em branco e preto, e que, para isso, eu só precisaria levar o material em um disquete – um adendo à nova geração: disquetes desempenhavam a função da nuvem hoje, ou de um *pen drive*, mas com uma capacidade incrível de armazenamento de 1,44 MB (isso mesmo, não cabe nem uma foto do seu celular).

Voltando, então, à minha jornada, no dia seguinte, lá estava eu com meu trabalho pronto em um disquete para imprimir. Mais uma etapa do meu *checklist* mental seria concluída, e eu teria tempo hábil para resolver o outro grande problema que seria encontrar a tal prancha. O rapaz da gráfica claramente não se lembrou de mim (na verdade, não tirou o olho do computador), mas, ao abrir o material salvo no disquete, enquanto eu esperava no mínimo um elogio para afagar meu ego, veio, na verdade, outra pergunta para a qual eu não estava preparada: "Em qual papel vai ser a impressão?". Em qual papel?! Tem diferença? Eu olhei ao redor e vi alguns pacotes de sulfite coloridos e respondi o mais óbvio: "Branco". Foi aí que ele me olhou e lembrou de mim, dizendo: "Ah, é você!". Antes de eu pensar se aquela expressão era boa ou ruim, ele se levantou e pegou um bloco cheio de papéis atrás dele. Curiosamente, todos brancos, mas tinham espessura (gramatura), toque e texturas diferentes. Eu, maravilhada com aquela variedade, comecei a ler os nomes nas etiquetas um a um, aprendendo as diferenças entre eles. Então, ele finalmente quis me ajudar, dizendo: "Seu trabalho tem cores fortes e vibrantes, acho que um couché 180g vai deixar a sua impressão bem bonita". Ao ver e sentir o papel na mão, eu concordei, mas, desconfiada e como uma universitária de classe emergente que fui, antes de concordar, perguntei: "É muito mais caro?". Ele riu e me explicou que a diferença seria de centavos. Consenti, e meu trabalho foi lindamente impresso e colocado em um saquinho transparente.

Aproveitando a interação de um profissional tão conhecedor em impressões que eu tinha à minha frente, eu expliquei que precisaria colocar meu trabalho em uma prancha para apresentar. Ele me ajudou mais uma vez, dizendo-me que esse tipo de prancha eu encontraria em uma loja de materiais para arquitetos, mas, antes que eu perguntasse, ele me adiantou que não sabia onde tinha uma nas proximidades.

OK! Resiliência já era uma competência que eu tinha desenvolvida na época. Saí daquela papelaria focada na próxima solução. Eu precisava ir para a faculdade e, na minha mente, já tinha o plano de acessar o Google pelos computadores na sala de informática e pesquisar por uma loja para arquitetos. Foi então que, curiosamente, meu cérebro lembrou de um estabelecimento onde eu passava praticamente todos os dias na saída do trabalho. Era uma loja de artesanatos, onde tinha escrito: Telas, materiais de pintura, engenharia e arquitetura.

Caraca! Como eu me lembrei daquilo? Minha memória está longe de ser fotográfica, mas eu entendi que minha mente estava trabalhando a meu favor ali. No dia seguinte, então, fui ao meu novo destino e lá encontrei a tal da prancha. Ajudaram-me ainda a cortar e colar o meu trabalho centralizado e que foi apresentado algumas semanas depois. No meio do processo, ainda fui capaz de ajudar as amigas que também estavam com dificuldades na produção do trabalho, com as informações que descobri e me ajudaram a resolver o problema.

A nota do trabalho eu honestamente não me lembro, mas meu objetivo com esta história é que, após esses episódios, comecei a perceber que minha mente funciona de uma maneira intuitiva a resolver problemas, e a sua também pode ser programada assim. Por diversas vezes na minha vida e carreira, eu ouvi: "Pergunte à Jéssica porque ela sabe tudo". Não, eu não sei tudo, mas eu sei encontrar no meu repertório pessoal as informações que me façam dar respostas e achar soluções. Observando-me, autoconhecendo, amadurecendo, entendendo a importância de resolver problemas e pegando gosto nisso, eu entendi que minha maior característica é usar a criatividade para resolver problemas, mas, para mim, criatividade nunca foi um dom, mas, sim, uma ferramenta. Então, entendi que minha força poderia ser ensinada para outras pessoas e, para isso, desenvolvi uma metodologia própria, que chamo de Mentalidade 3 A, que significa que nossa mente deve estar constantemente Aberta, Atenta e Ativa.

Criatividade nunca foi um dom, mas sim uma ferramenta.

A maioria dos problemas e desafios que enfrentamos pode ser resolvida com o mínimo esforço necessário, assim como as oportunidades podem ser aproveitadas e desfrutadas em sua plenitude, apenas adotando uma mentalidade que favoreça a captação de informações, seu armazenamento, o acesso a esta "biblioteca", quando necessário, conectando o problema à solução.

Esta mentalidade não é exclusiva minha. Se observarmos grandes inovadores, criativos, profissionais de futurismo e tendências, engenheiros, desenvolvedores, escritores, entre tantos outros profissionais, muitos adotam a mesma mentalidade e, por isso, são resolvedores de problemas e geradores efetivos de resultados. Diante disso, nos próximos capítulos, vou explicar mais sobre a Mentalidade 3 A, mostrar exemplos práticos e ajudar a treinar sua mente de forma que ela pare de fugir dos problemas, mas esteja pronta para resolvê-los com criatividade, inovação e qualidade.

Capítulo 2.

Uma mentalidade que resolve

Mentalidade

Aberta &

Atenta &

Ativa

Criative-se

Uma mentalidade 3 A envolve três comportamentos sobre os quais temos total ciência e gestão. Mas, antes de explicar esses comportamentos, é fundamental deixar claro que o objetivo de apresentar a Mentalidade 3 A para você é fornecer uma ferramenta prática para ajudá-lo a desenvolver a criatividade e inovação na solução de problemas no seu dia a dia e das mais diversas complexidades, seja de ordem pessoal, seja profissional.

Minha intenção não é desvendar como o cérebro funciona ou quais são as áreas neurais de maior atividade na resolução de um problema, até porque não é minha área de estudo – a disciplina de Psicologia na faculdade também não foi minha preferida – e tem muito autor que já faz muito bem esse trabalho e com muita propriedade.

Não, meu propósito aqui é mostrar que, no mundo atual, não basta apenas ter uma mente aberta, como você ouve desde os anos 1970 até hoje. Quero que você entenda que abrir a mente para enxergar novos mercados, entender as novas gerações, adotar novos processos e consumir novos produtos continua sendo atual e necessário, mas não mais o suficiente. Por esse motivo, entendi que a solução efetiva de um problema precisa de um "a mais". Na verdade, dois "As" a mais. Em razão disso, consegui condensar a minha forma de pensar, organizar dados, acessar um repertório pessoal de informações e resolver problemas a partir de três atributos que uma mentalidade solucionadora precisa ter: Aberta, Atenta e Ativa.

A de Aberta

Em 2024, participei de uma viagem para os Estados Unidos com um grupo de 30 mulheres. Essa viagem faz parte de um programa de desenvolvimento de liderança feminina[5], e durante uma semana realizamos visitas técnicas, assistimos a palestras, ouvimos líderes e empreendedores contando sobre cultura, propósito, criação de valor, e a cereja do bolo foi um dia inteiro de curso no Disney Institute, aprendendo sobre o método Disney de liderança. Durante o curso, eu me percebi conectando uma série de informações que havia absorvido em diversos momentos da minha vida. Acessei, em meus arquivos mentais, conceito de livros, histórias que ouvi contarem, palestras, percepção de comportamentos e técnicas que eu já havia estudado antes, tópicos de minhas aulas de inglês. E, conforme eu fazia essas conexões, comentava sempre que eu tinha a oportunidade, e via a face das pessoas ao meu redor como que se perguntando: "como ela sabe isso?". Eu mesma me surpreendi com a minha capacidade de raciocinar e organizar as informações como quem monta um quebra cabeça. E perguntei a mim mesma: "como eu não reparei que funciono assim antes?".

Bom, a resposta não foi instantânea, mas ela veio. Antes da viagem, em uma das reuniões do grupo, as líderes nos orientaram a irmos com a mente aberta (olha a expressãozinha aí!). E, de fato, eu fui aberta e liberta de crenças e de pensamentos como "eu já sei disso", ou "eu já vi isso antes".

Ainda que tudo o que eu visse lá não fosse novidade, eu veria essas coisas acontecendo em outro país, outra cultura e outro idioma. Então, um mínimo de aprendizado eu teria ali.

---

[5] Programa Salto Alto teve seu início em 2024, com a primeira turma em abril, da qual eu participei em um grupo de 30 mulheres que foram para Orlando. O programa contou com dois dias de visitas técnicas a empresas de diferentes segmentos, imersão na Disney, com visita técnica aos bastidores, e um dia de palestras e aplicação das ferramentas absorvidas.

Por estar com a mente aberta para receber informações, eu não me bloqueei a nada e prontifiquei-me a absorver não apenas as informações que eu ouvia, mas também as que eu via e sentia.

É por isso que o primeiro passo para a solução de problemas é ter uma mentalidade apta para captar todos os estímulos que um ambiente oferece, e isso só acontece com uma mente aberta.

Tudo no mundo tem um porquê, um lugar, um cheiro, um som, uma aparência, uma mensagem. Mas, geralmente, compreendemos apenas a mensagem falada porque não estamos completamente abertos para captar aquelas informações por completo. Na verdade, nosso cérebro capta, mas não processa nem arquiva, porque ele entende que não é necessário. Somos educados em salas de aula onde ouvimos e lemos, não necessitando de outros sentidos para florescermos e prosperarmos. Então, na vida adulta, somos condicionados a pensar que a informação só vem dessa forma e, com isso, privamo-nos muitas vezes de viver as experiências em sua plenitude.

Tudo no mundo tem um porquê,
um lugar, um cheiro, um som,
uma aparência, uma mensagem.

No entanto, quando estamos com a mente suficientemente aberta, enxergamos detalhes que muita gente não vê, ou simplesmente passa por eles sem dar relevância. Um exercício breve: se eu te perguntar qual é o tipo de piso do ambiente onde você trabalha, você saberia responder? Saberia informar cor, textura, detalhes? E o piso de um shopping center que você frequenta costumeiramente, você consegue ser assertivo na resposta? E se eu te contar que, no Magic Kingdom, o chão da Fantasyland é diferente do da Tomorrowland[6]? Sim, e ele muda por onde andamos conforme o ambiente onde estamos, tornando esse ambiente completamente imersivo. Por que eles fariam algo, se a maioria não percebe? Simples, porque a magia está nos detalhes. Detalhes estes que nem sempre somos capazes de compreender, mas apenas definirmos como: "lá tudo é perfeito!".

é que uma mentalidade realmente aberta nos ajuda a resolver problemas. Passamos a estar mais atentos aos detalhes, mais sensíveis aos padrões e às quebras deles; e quando estamos com a Mentalidade Aberta – não apenas para o novo, mas para o todo –, deixamos de ser quem vive e se encanta com a magia e passamos a ser os que entendem e podem vir a fazer a mágica acontecer. E essa mágica acontece justamente na solução de problemas. Onde muitas pessoas desistem ou entregam mais do mesmo, você se torna um diferencial, porque a sua carta na manga vem de uma informação que só você captou.

---

[6] Fantasyland e Futureland são duas áreas temáticas do parque Magic Kingdom, no complexo Disney, em Orlando. O parque está organizado nas áreas Main Street, Adventureland, Frontierland, Liberty Square, Fantasyland e Tomorrowland, o que auxilia não apenas a locomoção dos turistas, como também a distribuição de atrações e personagens, que ficam restritos a serem vistos apenas em suas áreas específicas, exceto nas paradas e shows.

A de Atenta

Se tem um A nesta metodologia que eu amo, é este que, na minha opinião, é o que define a mentalidade resolvedora de problemas mais do que aberta, mas como uma Mentalidade Atenta.

Eu gosto de contar histórias, então aí vai mais uma. Eu sempre fui uma criança criativa. Fazia minhas artes, mas era do tipo que se contentava com lápis de cor, canetinhas e um caderno de desenhos, livro de colorir. E na falta disso, eu personalizava arquinhos com balões de festa, como já comentei. Mais ou menos aos 9 anos, eu lia as histórias em quadrinho da Turma da Mônica. Inclusive, um dos meus grandes inspiradores como criativo é, sem dúvida, o Maurício de Sousa[7]. Após ler os gibis, diferentemente de muitas crianças que os deixavam intactos como se fossem itens colecionáveis, eu escolhia os melhores personagens e os recortava. Mas eu não recortava qualquer um deles. Eu precisava que tivessem um tamanho específico, uma expressão correta e fossem desenhados de corpo inteiro, pois aqueles novos personagens entrariam em uma caixa onde eu tinha muitos outros ali já recortados e fariam parte de minhas próprias histórias.

Você deve estar achando que tive uma infância muito simples e sem acesso a Barbies, por fazer isso, não é? Mas a verdade é que eu tive, sim, acesso a muitas bonecas, no entanto essa era uma das brincadeiras que eu mais gostava, pois, enquanto eu lia os quadrinhos, eu tentava captar a personalidade daquele personagem, seu jeito de falar, de pensar, hobbies, brincadeiras e detalhes, para que eu pudesse replicar em minhas próprias histórias. Além disso, eu precisava estar atenta se ali naquela

---

[7] Mauricio de Sousa é um cartunista e empresário brasileiro, que criou mais de 200 personagens para sua popular série de histórias em quadrinhos infantis, chamada Turma da Mônica. Sua primeira tirinha foi publicada em 1959, no jornal *Folha da Manhã*.

revistinha eu encontraria uma peça que faltava para o meu próprio roteiro acontecer. Então, eu avaliava mais do que a história em si, mas também cada detalhe do personagem, assim como se naquela revistinha não teria nenhum personagem inédito que eu ainda não tinha (lembro da minha alegria quando encontrei uma historinha com a Maria Cascuda).

Mais para frente, inclusive, aprendendo o que era um banco de imagens, associei que a equipe do estúdio certamente tinha um banco com as diversas expressões dos personagens salvas, garantindo padrões e evitando que fossem sempre desenhados um a um, pois me lembro de ver em revistas diferentes o mesmo rostinho. Desculpe-me se acabei com a sua visão de que as revistinhas eram desenhadas a mão, uma a uma.

Mas, afinal, o que essa história mostra sobre a Mentalidade Atenta? Mostra que, muitas vezes, as pessoas criativas são julgadas como se vivessem no mundo da lua[8], mas o foco é o principal aliado para o desenvolvimento de uma Mentalidade Atenta. Eu só encontro a solução para algo quando eu sei o que eu preciso, e, muitas vezes, onde esperamos encontrar não é exatamente onde vai estar. À vista disso, a atenção é significativa.

---

[8] Expressão popular que significa distraído, alheio ao que acontece ao redor; desatento, aluado: ela vive no mundo da lua e esquece os compromissos.

Muitas vezes, as pessoas criativas são julgadas como se vivessem no mundo da lua.

Sua mente pode estar aberta aos detalhes, mas, se não estiver completamente atenta, eles serão vistos, admirados e se tornarão apenas um registro de algo que você viu e que ninguém mais deu importância. Por essa razão, a Mentalidade Atenta é tão relevante.

Por ter uma Mentalidade Atenta, eu vi a papelaria com gráfica rápida próxima à minha faculdade; por ter a Mentalidade Atenta, eu conectei a informação de que a prancha que eu precisava comprar era vendida em lojas para arquitetos e lembrei da loja de artesanatos próxima ao meu trabalho, que atendia também a esse público; por ter uma Mentalidade Atenta, eu sou capaz de encontrar padrões, tendências e soluções viáveis para problemas, ainda que pareçam complexos, e é essa Mentalidade Atenta que você pode desenvolver e aplicar na sua vida também.

A de Ativa

Até aqui, você já entendeu a importância de a mentalidade ser mais que aberta, mas também atenta. No entanto, os dois atributos têm a função de captar informações. É por isso que o terceiro A vem para complementar e fazer a engrenagem da Mentalidade 3 A funcionar em sua plenitude. Ter uma mente ativa significa que você estará constantemente alocando as informações captadas em categorias, já avaliando se ela é útil para algo imediato, ou se precisará ser arquivada para uma necessidade futura, ou até mesmo se é uma informação inútil e que pode ser descartada, ou ir para a caixinha da memória devido a um afeto, ou algo assim.

Quando falo de armazenar informações, não tem como não ilustrar com o filme *Divertida Mente*[9], no qual adentramos a mente da personagem principal e, apesar de o foco do roteiro serem as emoções, vemos na jornada os setores da mente como grandes bibliotecas e arquivos organizados em departamentos.

Mas, para você entender a Mentalidade Ativa, vou apresentar uma ilustração mais comum para nosso dia a dia. Imagine sua mente como um grande guarda-roupas, repleto de gavetas, nichos e cabides, onde cada informação recebida ao longo do seu dia, captada pela sua mente, será armazenada e ficará à sua disposição para qualquer necessidade.

Assim é uma mente ativa. Ela arquiva todas as informações para aplicar no momento certo.

Eu gosto dessa visão de guarda-roupas, porque, assim como no nosso armário, temos a forma certa de armazenar nossas roupas, pendurando aquelas que amassam mais, colocando em

---

[9] *Divertida Mente*, filme lançado pela Pixar, em seu primeiro volume no ano de 2015, traz em seu enredo uma abordagem de como funciona a mente de uma criança de 11 anos, com suas emoções controlando suas ações e decisões.

gavetas mais altas as peças que usamos com mais frequência, dobrando peças maiores para que caibam adequadamente nos espaços, usando os nichos para guardar sapatos, frascos, ou outros itens que não podem ser colocados em gavetas ou cabides etc. Assim também precisa ser organizada nossa mente, se desejamos que ela seja ativa.

No entanto, assim como fazemos com nosso guarda-roupas, é necessário cuidarmos com a desordem e, de tempos em tempos, fazermos uma higiene.

Ao desenvolver uma Mentalidade 3 A na busca de resolver problemas com maior facilidade, o maior perigo que corremos é começar a buscar todo e qualquer tipo de conteúdo. Afinal, uma mente aberta pede por opiniões, dados, fatos, histórias e experiências. A mente atenta começa a intrinsecamente absorver detalhes que nos permitem despertar para uma nova visão de mundo, e é muito fácil começar a se sentir um verdadeiro Charles Xavier[10], dono de uma mente imparável e poderosa. No entanto, sem gestão, seu superpoder tem um alto potencial de se tornar uma crise de ansiedade ou Burnout[11]. E para se prevenir contra isso, em breve você vai ler um capítulo inteirinho sobre saúde mental.

Sendo assim, a sua mentalidade precisa estar suficientemente ativa para catalogar, selecionar e organizar tudo em seu devido lugar.

---

[10] Charles Francis Xavier, conhecido como Professor X, é um personagem de quadrinhos da série *X-Men*, criado por Stan Lee e Jack Kirby

[11] Síndrome de Burnout, ou Síndrome do Esgotamento Profissional, é um distúrbio emocional com sintomas de exaustão extrema, estresse e esgotamento físico, resultante de situações de trabalho desgastante, que demandam muita competitividade ou responsabilidade. A principal causa da doença é justamente o excesso de trabalho.

O excesso de informação a que somos expostos diariamente, conteúdos que recebemos em telas, mídias, *podcasts*, vídeos, redes sociais, além de trabalho, notícias, cursos, aulas e livros que já fazem parte de nossa rotina diária, todo esse volume de conteúdo que nos leva a viver como na linha de frente em uma trincheira de guerra, atirando e recebendo tiros de todos os lados, pode vir a representar um alto risco para nossa saúde mental e autoestima a longo prazo.

Sim! A soma de responsabilidades, com a autocobrança e o efeito de comparação, que o excesso de conteúdo nos proporciona, podem, de fato, ser prejudiciais se não soubermos como tratá-los da maneira adequada.

Ninguém quer abrir a porta do armário e receber uma pilha de roupas sujas sobre a cabeça, não é verdade? Destarte, o cuidado, a organização e a manutenção das informações são tão importantes, e só há uma forma de fazer isso: com a Mentalidade Ativa 100% desenvolvida.

Mas como desenvolvê-la? Esse é, certamente, um dos maiores desafios. Nos próximos capítulos, você verá, em alguns exemplos e histórias, o diferencial que pessoas criativas e inovadoras aplicam em suas vidas e poderá escolher o que melhor funciona para você, seja na formulação de listas, seja frequentando cafeterias, seja passeando em locais tranquilos, seja tendo uma boa rotina de sono, ou buscando equilibrar tudo isso. Talvez, ao final deste livro, você terá a feliz surpresa de que resolver problemas é algo mais simples do que você imagina.

Capítulo 3.

Mentalidade 3 A & Criatividade

Criatividade é apenas conectar as coisas. Quando você pergunta a pessoas criativas como elas fizeram algo, elas sentem um pouco de culpa, porque nunca realmente fizeram, apenas enxergaram algo. Parecia óbvio para elas depois de algum tempo.

(Steve Jobs)

Um dos grandes desafios para as pessoas em diversas áreas de atuação é, seguramente, a criatividade. Em levantamento aplicado pela Coluna Metrics Lab[12], com o propósito de avaliar o potencial criativo das pessoas e compreender de que forma elas interpretam o termo, utilizando uma amostragem de 1,2 mil brasileiros, o resultado, apesar de surpreender pouco, gera desconfortos. Apenas 37% dos entrevistados disseram considerar-se criativos.

Por outro lado, com o crescimento das *startups*, empresas de tecnologias e aceleração da inovação em todo o mundo, a criatividade se tornou a segunda *soft skill* mais procurada[13] pelas empresas, seja para desenvolver em seus profissionais, seja como uma competência fundamental para contratações.

Quando eu era mais nova e estava em meus primeiros estágios, uma dessas experiências foi em uma empresa de recrutamento e seleção onde o ambiente era basicamente composto por profissionais de administração de empresas e psicologia. Eu era a única publicitária em formação, e o fator decisor que alegaram para minha contratação era porque precisavam de uma pessoa criativa ali. No entanto, contraditoriamente, eu não tinha espaço para dar ideias, mas apenas executar mais do mesmo. Curiosamente, um dos *feedbacks* que recebi ali era de que eu precisava ser mais lógica e menos inventiva.

Ao sair daquela empresa, meu estágio seguinte foi em uma empresa de eventos. Ali eles queriam de fato alguém criativo para "criar artes". Eu não era *designer* e, na minha formação em Publicidade e Propaganda, eu já sabia que minha especialização

---

[12]   Pesquisa publicada no portal niddedigital.com, em 05 de março de 2024.

[13]   Informação publicada pela Fundação Instituto de Administração, no blog blog.fiaonline.com. br, em 16 de março de 2021. Segundo pesquisa da Catho, publicada no site www.catho.com.br/ carreira-sucesso/top-soft-skills/, em 22 de março de 2024, a criatividade está elencada entre as 10 *soft skills* mais valorizadas pelas empresas para o ano de 2024.

seria o Marketing. Sim, eu desenhava desde muito nova e gosto de criar peças, mas meu perfil sempre foi mais inclinado à estratégia e gestão, e menos às artes. No entanto, nessa experiência, eu percebi que muita gente não tinha (e muitos continuam não tendo) a menor ideia do que é a criatividade.

Muitos associam a criatividade ao talento e, por isso, se referem a pintores, *designers*, arquitetos, artistas, escritores ou qualquer outra atividade de criação à criatividade. De fato, esses profissionais são, sim, criativos, mas o conceito de criatividade não se limita apenas aos talentosos.

Muitos associam a criatividade ao talento, mas ela não se limita aos talentosos.

Mas, afinal, o que é criatividade? A palavra criatividade vem do latim *crateús*, que significa criar, e do verbo infinitivo criar. De acordo com o dicionário, o termo criatividade pode ser definido como "a qualidade ou característica de quem é criativo; inventividade; inteligência e talento, natos ou adquiridos, para criar, inventar, inovar". Logo, criatividade está associada à inteligência e ao talento, sendo esses natos ou adquiridos. E aqui está o grande pulo do gato! Criatividade pode ser uma competência para todos, e com ela todos podem criar, inventar e inovar; ou seja, resolver problemas!

Dessa forma, entendemos o motivo de a criatividade estar recebendo tanta atenção e saindo do limbo do preconceito dos anos 1990/2000, quando a pessoa criativa era vista como a que "viajava na maionese[14]", por vezes, sendo tolhida de dar opiniões, afinal, problemas complexos e soluções inovadoras se fazem cada vez mais necessários no cenário atual. Além disso, a agilidade na implementação das soluções passou a ser um fator diferencial para vencer a concorrência nos tempos modernos, valorizando o processo de prototipação, conhecimento ao qual, até então, só tinham acesso os profissionais criativos que atuavam com desenvolvimento, programação e *design* de produtos.

Uma das metodologias que saiu de departamentos de desenvolvimento de novos produtos foi justamente o *design timing*, método de trabalho que enfrenta e resolve os desafios e problemas que surgem nas empresas com base na criatividade, na multidisciplinaridade e no trabalho em equipe, tendo como principal foco de resultado a necessidade do cliente.

Com o atual *boom* da criatividade, as empresas começaram, então, a implementar seus *hubs* de inovação, salas multiuso,

---

[14] Expressão popular atribuída à pessoa distraída, ou que fala um conjunto de coisas misturadas e confusas em seu raciocínio.

ambientes Google[15] com cores, pufes, videogames e até sala de soneca, de forma que seus profissionais conquistem a genialidade e obtenham uma grande ideia criativa o suficiente para manter o faturamento de bilhões, garantindo a alegria dos funcionários com seus bônus de fim de ano e a satisfação dos acionistas e investidores.

A grande verdade é que, diferentemente do que muitas pessoas pensam, a criatividade não é um dom ou um privilégio, mas uma habilidade que pode ser desenvolvida. Para isso, existem metodologias, como *design thinking*, que citei, e a Mentalidade 3 A, que estou apresentando nestas páginas.

O grande mestre da inovação Steve Jobs pontua muito bem na frase que escolhi para iniciar o capítulo: "Criatividade é apenas conectar coisas". Ponto! Simples assim.

No início deste livro, compartilhei a história de um problema aparentemente simples que resolvi na minha época de faculdade e resolvi unicamente porque eu construí um repertório de informações e conectei-as de forma que eu conquistasse a solução.

É algo que parece simples, mas sei que muita gente tem dificuldade com isso; não à toa que 63% dos brasileiros não se consideram criativos. E foi assim, querendo resolver mais um problema, que conectei informações e organizei neste livro a Mentalidade 3 A. Como falei no início e reforço, minha intenção não é navegar nas profundidades do cérebro, nem explicar a química que ocorre quando criamos, mas ajudar a desenvolver a criatividade, algo que, para mim, parece tão simples – qualidade pela qual sempre fui tão elogiada –, de uma forma prática e acessível até mesmo para o indivíduo mais lógico.

---

[15] O ambiente de trabalho do Google é uma referência à inovação que a *big tech* trouxe ao mercado de trabalho, inaugurando na empresa a existência de uma equipe cujo trabalho, especificamente, é criar estratégias para manter os funcionários felizes e engajados com o objetivo de manter uma alta produtividade.

É algo que parece simples,
mas muita gente tem
dificuldade com isso.

Aqui a promessa não é de que você vai conseguir ser tão criativo e inovador a ponto de ganhar milhões ao criar um super dispositivo para o futuro. Talvez sim – longe de mim menosprezar seu potencial. Mas meu maior objetivo e propósito não é remeter uma mente inovadora a um Professor Pardal[16] do mundo real. Minha intenção, ao escrever este livro, é de que você, primeiramente, vença a crença limitante de que criatividade é para poucos. Em segundo lugar, quero despertar em você uma transformação interna que lhe permita criar, propor ideias, pensar em melhorias, conectar soluções, e não mais perder cabelos e saúde focando em um problema que parece impossível de se resolver, até porque, com uma mentalidade extremamente focada e fechada no problema, ele será insolúvel.

A mentalidade que resolve problemas, como falei no início, intitulei este livro e desenvolvi minha metodologia, é "Aberta", "Atenta" e "Ativa"; três características que nos fazem ser criativos e inovadores, mas que só conseguimos desenvolver com tranquilidade, organização e, em muitos aspectos, frieza.

Recentemente, uma amiga que conheci no meu programa de desenvolvimento de liderança feminina nos Estados Unidos esteve em Palo Alto, Califórnia, para palestrar em um evento sobre criatividade e inovação. Essa amiga, que tem em sua carreira, inclusive, prêmios chancelando sua experiência em grandes agências, atendendo grandes contas e passou por uma *big tech*-referência em inovação e tecnologia no mundo atual, fez de maneira muito generosa uma cobertura de sua viagem nos *stories* de seu Instagram. Como curiosa que sou, acompanhei

---

[16] Professor Pardal é um personagem de ficção, um garnisé antropomorfo criado em 1952, por Carl Barks, para a Walt Disney Company. Ele surgiu originalmente nos quadrinhos Disney como um amigo do Pato Donald, do Tio Patinhas, dos Escoteiros-Mirins e de todos que se associam a eles. No contexto em que vive o personagem, é o inventor mais famoso de Patópolis e responsável por apresentar engenhocas inovadoras para a solução de problemas.

intencionalmente cada um de seus *posts*, pois aquele ambiente muito me atrai e, até o momento em que estou escrevendo este livro, ainda não o conheci. No entanto, o que todos sabemos é que o Vale do Silício é o berço da inovação no mundo ocidental, e a sede de muitas empresas unicórnio[17] e referência em criatividade e inovação estão lá.

Em seus *posts*, essa amiga mostrou fotos de cafeterias e garagens onde marcas, empresas e grandes nomes da indústria criativa e tecnológica nasceram. Minha mente, não apenas aberta para ver aquelas imagens, mas devidamente treinada em exercer profunda atenção, começou a perceber que as transformações mais extraordinárias começam em lugares e até mesmo de forma ordinária.

Sim! Grandes ideias nascem quando estamos lavando a louça, tomando banho, quase pegando no sono, andando no transporte público, tomando um café ou tentando resolver um problema em nossa garagem. Isso porque é quando não estamos pensando em nada específico que nosso cérebro começa a conectar informações. O famoso ócio criativo.

Mais uma vez, não estou falando sobre a foto, mas sobre o olhar. Eu tenho esse olhar atento, mas sou preguiçosa para tirar fotos, pois, para mim, o registro não importa mais do que a fotografia que minha mente é capaz de guardar. Algumas pessoas têm maior facilidade em registrar e compartilhar, enquanto outras apenas compartilham para imitar, sem absorver atentamente aquele momento ou detalhe. Entende a diferença?

Portanto, uma Mentalidade Atenta é essencial para desenvolver a criatividade e é por essa razão também que ela faz parte desta metodologia que estou apresentando para você.

---

[17] Um unicórnio é uma *startup* que possui avaliação de preço de mercado no valor de mais de 1 bilhão de dólares americanos. O termo foi criado em 2013, por Aileen Lee.

O problema que acontece no presente século é que os espaços vazios em nosso cérebro são constantemente disputados com os ruídos externos. As redes sociais, o excesso de conteúdo, o aumento de exposição a telas e estímulos constantes tomam nossa atenção e enchem nossos cérebros de informação, sem que tenhamos tempo para descansar. Logo, captamos muita informação, mas não somos capazes de organizá-la. Lembra da história do guarda-roupas?

Os espaços vazios em nosso cérebro são constantemente disputados.

Daí que a mente Ativa também é fundamental no processo, de forma que ela possa reconhecer se a informação à qual você está sendo submetido é relevante ou não para ser armazenada e, se sim, que ela possa ir para seu devido lugar. No entanto, nem sempre conseguimos praticar a atividade de nossa mente simultaneamente ao recebimento das informações. Por isso que o momento do café, da socialização, do conforto e descanso são tão favoráveis à resolução de problemas. É como aquele momento no fim do dia em que você vai arrumar seu guarda-roupas, colocando as novas peças, tirando as antigas e as que não servem mais, dobrando e encaixando as roupas em seus lugares por tamanho, cores, modelos... E tudo isso, tomando um cafezinho ou admirando os pássaros voando através da janela.

Capítulo 4.

Mentalidade 3 A & Solução de Problemas

*Acredito que se você mostrar às pessoas os problemas
e depois as soluções elas se motivarão a agir.*

(Bill Gates)

No ano de 2014, uma grande mudança aconteceu na minha vida. Meu esposo e eu nos mudamos para o Rio de Janeiro. Como já contei, eu nasci na cidade de São Paulo, onde estudei até o fim do ensino médio e tive minha primeira oportunidade de trabalho em um grande banco.

Em 2004, meu pai conseguiu um emprego na cidade de Campinas, no interior, localizada a 100 km da capital, onde cursei o ensino superior em Publicidade e Propaganda. Em Campinas, também me casei com meu maior incentivador e o melhor marido que eu poderia ter, uma pessoa que se apaixonou por minha criatividade antes mesmo de se apaixonar por mim, acreditem ou não!

E, com apenas três anos de casada, eu já estava trabalhando em uma multinacional e resolvendo problemas, mas a vida chegou com uma surpresa. Por uma oportunidade de emprego do meu marido, mudamos para o Rio de Janeiro.

Imatura e muito jovem, cheguei no Rio de Janeiro achando que choveriam propostas de empregos, afinal, eu era uma excelente profissional, vinha crescendo, era criativa e resolvia problemas. E eu estava vindo para uma capital, onde grandes empresas tinha suas sedes, logo, eu teria grandes oportunidades de crescimento. Mas não foi bem assim. Foram dois anos participando de entrevistas até chegar minha oportunidade de contratação.

Mas os dois anos de desemprego CLT não foram de inércia. Eu trabalhei, e trabalhei muito! Usei minha capacidade de resolver problemas oferecendo serviços para quem eu já conhecia. Na época, o marketing digital estava em plena ascensão, e, como minha mente já era muito Aberta, Atenta e Ativa, percebi que as mídias sociais seriam muito mais do que uma tendência momentânea, mas que tinham alto potencial de mudar a forma como as pessoas tomam decisões, assim como na forma como as empresas vendem, se promovem e atendem seus clientes.

Com minha visão e os conhecimentos que fui adquirindo, passei a oferecer serviços de marketing digital, que hoje as pessoas identificam como *social media*, e fui ganhando pequenos clientes com alto potencial de trabalho para gerir e ajudá-los a divulgar seus produtos e serviços.

Em 2016, esse meu conhecimento e a minha experiência foram essenciais para o contrato que surgiria: uma empresa de ovos em expansão, com o desejo de investir em sua marca no mercado, chama-me para participar de uma entrevista de trabalho. Eles buscavam alguém com experiência em venda de produtos e marketing digital para o B2C, e eu, que até então só havia trabalhado B2B, pude comprovar meus conhecimentos no marketing para consumidores por meio dos meus trabalhos independentes.

Confesso que estava tendo um faturamento satisfatório como *freelancer* e já tinha, inclusive, aberto minha própria empresa, formalizando e conseguindo fornecer para empresas maiores. Mas a estabilidade do CLT, o dia a dia em um escritório e o contato com outras pessoas ainda eram fatores relevantes para mim, assim como ter acesso aos desafios com começo, meio e fim também era uma necessidade.

Como *freelancer*, eu apenas executava uma solução que nem sempre partia de mim, ou, muitas vezes, eu não tinha acesso às reais necessidades do cliente. Eu não sabia como adentrar na estratégia do cliente a ponto de visualizar o problema e propor minhas próprias soluções, então, sentia-me vazia e incompleta em meu trabalho. Por causa disso, eu precisava ganhar mais casca, precisava estar inserida em algo maior para aprender. Uma Mentalidade 3 A é sedenta por problemas para serem resolvidos, ela busca entender o porquê e para quê das coisas antes de simplesmente executar, e a oportunidade no departamento de marketing de uma empresa em expansão era o que eu precisava.

Lembro-me da alegria que foi ser escolhida no processo seletivo; receber a notícia de que eu já teria data de início e que um grande trabalho me esperava. A meta da empresa era ousada: criar marca para uma *commodity* que, por vezes, era vendida na feira e embrulhada em jornal. Mas não era impossível; eu tinha em minha biblioteca mental uma referência de empresa que fez algo semelhante com a carne. A única diferença era que a empresa de carnes investiu uma alta verba em marketing, e na empresa de ovos mal falávamos de seis dígitos.

Oba! Um problema para resolver com criatividade! Afinal, sem inovação e muita mão na massa, não seríamos capazes de fazer o negócio acontecer.

Lembro-me de como cada trabalho foi ganhando proporção, os parceiros foram crescendo, as agências que cuidavam de nossas contas passaram a ser maiores e tinham em seu portfólio clientes mais relevantes. Toda referência que víamos em outros segmentos buscávamos adaptar e trazer para o nosso, até o dia que eu ouvi: "vamos lançar um e-commerce!".

Esse projeto foi, sem dúvida, um dos que eu mais gostei de trabalhar. Organizei na minha mente todo o *checklist* do que precisaríamos; primeiro, um fornecedor de website com experiência na transação eletrônica. Na época, estava bombando o Netflix, que trouxe o conceito de assinatura para o mercado. Estudando um pouco o formato, ele se mostrou uma resposta eficiente, uma vez que geraria recorrência e previsibilidade, tudo o que um produto perecível precisa!

Na sequência, precisaríamos definir os produtos a serem vendidos e sua apresentação: formatos, margem, tipos... Foi um trabalho profundo para desenvolver os kits e seus argumentos comerciais.

Tudo parecia estar encaminhado para realizarmos o projeto-piloto, mas, como já prevê a frase do célebre Martin Luther King[18], "todo o progresso é precário, e a solução para um problema coloca-nos diante de outro problema", nos deparamos com um novo problema: como esses kits serão entregues?

Precisaríamos desenvolver uma embalagem que fosse eficiente, segura, de baixo custo e atrativa para que o público postasse no Instagram (era o auge da febre instagramável).

Assim como quando eu resolvi o problema com meu trabalho da faculdade, eu comecei a fracionar as etapas necessária para solucionar aquele problema. Então, tínhamos agência, e eles poderiam executar um *layout* moderno, divertido e que levasse informação. Tínhamos um fornecedor super parceiro, o que seria um canal para auxiliar com o melhor material, equilibrando segurança e custo de produção. Mas precisávamos de mais; precisávamos de algo funcional, diferente, inovador!

Foi em uma conversa com o fornecedor e a equipe do projeto que minha mente vasculhou referências internas. E ISSO! Achei a referência de que eu precisava. Lembrei-me de uma caixa de um clube de assinatura de vinhos, que entregava os produtos do mês em uma espécie de maleta com uma alça plástica. As garrafas, que também são produtos frágeis, eram transportadas por todo o Brasil naquelas embalagens, logo, poderia ser um caminho eficiente para nossa solução.

Alguns pilotos foram executados e testados. Avaliamos acabamento, todo mecanismo de dobra para facilitar a montagem e o manuseio da caixa, bem como sua estética, até que, depois dos

---

[18] Martin Luther King foi um pastor batista norte-americano que ficou internacionalmente conhecido por ser uma das lideranças que lutaram contra a segregação racial. Ele ganhou projeção nacional ao ser um dos líderes do boicote à segregação racial nos ônibus de uma cidade do Alabama, na década de 1950.

testes, chegamos ao modelo final de embalagem que foi implementado, que, inclusive, foi premiado, em 2019, na categoria e-commerce do Prêmio ABRE da Embalagem Brasileira[19]. Foi aqui que aquela menina que desenhava a embalagem do sabão em pó LIMPO no Powerpoint sentiu uma primeira grande realização de seu propósito de transformar com criatividade e inovação, e muitas coisas se conectaram em sua carreira até então.

Estar à frente de um projeto de embalagem e ver este trabalho receber um prêmio foi, absolutamente, uma grande realização. E minha forma de ver e resolver problemas, mais uma vez, mostrou-se valiosa. Inovar nem sempre é criar algo diferente, mas é trazer uma referência de outro lugar para onde você está, para onde ele nunca foi usado. Quando você faz algo novo em seu segmento, isso é inovar.

---

[19] Promovido pela Associação Brasileira de Embalagem (Abre), o Prêmio Abre da Embalagem Brasileira apresenta anualmente os principais destaques da embalagem brasileira nas diversas categorias de consumo.

Quando você faz algo novo em seu segmento, isso é inovar.

A inovação passou a fazer parte de minha vida quando aceitei dois fatos sobre mim e minha personalidade. Essa percepção exige autoconhecimento e maturidade, mas eu tenho como meu ponto de virada, que, inclusive, me fez chegar até a Mentalidade 3 A, que descrevo neste livro.

O primeiro deles era que eu não me sentia confortável em ambiente de mudanças constantes. Incomodava-me ter que mudar algo no meio do caminho, a falta de continuidade. E, para atender a essa expectativa de ver um começo, meio e fim em meus projetos, direcionei minha carreira para o marketing, ao invés de ir para uma agência. Porém, em empresas pequenas ou de gestão familiar, a mudança e agilidade com que ela acontece é constante, e por vezes isso me tirou muito do eixo. Logo, eu precisaria aprender a lidar com a mudança de alguma forma, ou mudar o rumo de minha vida profissional.

No entanto, em um mundo em constante movimento, o qual já rotularam como mundo VUCA[20], ou mundo BANI[21], seria muito difícil eu conseguir fugir da mudança, até porque eu tenho necessidade de criar, e a criatividade é atraída por tudo o que é novo ou está em constante transformação, justamente porque é onde ela precisa estar.

O segundo fato importantíssimo com que me deparei foi justamente que, apesar de eu não me sentir confortável com um ambiente de constantes mudanças, esta era uma realidade da minha era, vida e profissão. Logo, se me incomodava sofrer as

---

[20] VUCA é uma sigla em inglês, formada pela primeira letra das palavras: *Volatility* (volatilidade), *Uncertainty* (incerteza), *Complexity* (complexidade) e *Ambiguity* (ambiguidade). Esses quatro conceitos são usados para descrever o mundo em que vivemos atualmente, de mudanças rápidas e com diversas facetas.

[21] Segundo o antropólogo americano Jamais Cascio (1966-), o termo BANI ganhou popularidade com a pandemia do novo coronavírus (Covid-19). O significado do Mundo BANI é Frágil (*Brittle*), Ansioso (*Anxious*), Não Linear (*Non-Linear*) e Incompreensível (*Incomprehensible*).

mudanças, a única forma de encontrar algum conforto é virando a mesa e sendo a pessoa que promove as mudanças.

Essa decisão foi, inquestionavelmente, um divisor de águas na minha vida e foi quando eu assumi meu protagonismo.

Aqui quero reforçar esse aprendizado como um conselho para você: se, para você, sofrer as mudanças é desconfortável, seja a pessoa que promove mudanças; seja o líder!

Se sofrer as mudanças é desconfortável, seja a pessoa que promove mudanças.

Talvez você veja esse termo de ser protagonista de suas decisões e não entenda exatamente o que isso quer dizer. Desse modo, quero fazer uma correlação com o surfe.

Quando você entra num mar agitado e com ondas sem preparo e sem equipamentos, você estará à mercê do movimento das águas, sendo levado e arrastado para cima e para baixo pelas ondas e correnteza. Era assim que eu me sentia em um ambiente que mudava constantemente, o qual. por anos, tentei evitar porque isso me gerava um estresse tremendo. O problema é que, quando não se tem equipamentos, ou você fica na segurança da areia e não sai do lugar, ou você se arrisca no mar, custando o que custar, na intenção de, em algum momento, chegar em algum lugar.

A segunda realidade da minha vida, quando assumi o protagonismo, foi como entrar no mar agitado com domínio das ondas e adequadamente equipada com uma prancha. Após passar a arrebentação, ao olhar para trás e ver a oportunidade do movimento de uma onda, eu posso usá-la para chegar aonde eu quero, além de curtir. Isso é ter o protagonismo de sua vida. É conseguir estar na crista da onda. E, ainda que eu não consiga surfar da melhor maneira ou que surja um imprevisto, eu tenho técnica, conhecimento e equipamento para tentar novamente.

A Mentalidade 3 A, na minha vida, trouxe justamente técnica e conhecimento e se tornou uma ferramenta significativa para me posicionar num universo de criatividade e inovação que sempre fez parte de mim, e é esta ferramenta que eu estou apresentando aqui para você também.

Capítulo 5.

Mentalidade 3 A & Inteligência Emocional

Inteligência emocional é a capacidade criativa de solucionar o problema de forma rápida e eficaz no exato momento que ele aparece.

(Ricardo V. Barradas)

O conceito de inteligência emocional parece ser muito recente, mas, na verdade, ele surgiu no âmbito acadêmico, em 1990, formalizado pelos pesquisadores Peter Salovey (Yale University) e John Mayer (University of New Hampshire), que introduziram o termo na literatura científica[22].

Lembro-me de que, quando criança, era muito comum fazer testes de QI (Quociente de Inteligência). Quando eu já estava no mercado de trabalho, migrando de empregos, por volta de 2007/2008, fui apresentada ao teste de QE (Quociente de Inteligência Emocional). E pesquisando sobre a inteligência, ainda nos deparamos com outros dois Qs: QA (Quociente de Adaptabilidade) e QP (Quociente de Positividade). Vou falar desse quarteto muito em breve, mas preciso focar um pouco mais na inteligência emocional, que intitula este capítulo.

Essa inteligência que, de acordo com a psicologia, é a capacidade de identificar e lidar com as emoções e os sentimentos pessoais e de outros indivíduos, ganhou seu espaço nos holofotes dos profissionais de desenvolvimento pessoal nos últimos anos, os famosos *coaches*.

Um fato que afirma o quanto o movimento vem crescendo está na informação da Federação Internacional de Coaching, a maior associação de *coaching* sem fins lucrativos do mundo, que estimou que a indústria valia 4,6 bilhões de dólares, em 2022, e que o número de *coaches* aumentou 54%, entre 2019 e 2022[23].

---

[22] Salovey e Mayer são psicólogos norte-americanos que foram precursores no estudo da inteligência emocional no final dos anos 80. Eles propuseram que a inteligência emocional é um conjunto de habilidades mentais que permitem lidar com as emoções próprias e das outras pessoas. O artigo de Peter Salovey e John Mayer que introduziu o termo "inteligência emocional" na literatura científica foi publicado em 1990.

[23] Dado publicado em 03 de junho de 2024, na coluna e-investidor do *Estadão,* no site https://einvestidor.estadao.com.br/

Esse fenômeno muito se deve à necessidade de gestão de crises emocionais, estresse e ansiedade nos ambientes de trabalho, enfrentados com o excesso de informação e cobrança pela alta produtividade, onde os profissionais de Recursos Humanos precisaram desenvolver um olhar humanizado e auxiliar na capacitação das pessoas para que se tornassem capazes de administrar suas emoções, de tal forma a realizarem suas tarefas, mesmo que estivessem ansiosas ou tristes.

Ainda jovem, no início de minha carreira, no ano de 2010, recordo que fui selecionada para trabalhar em minha primeira multinacional. Como comecei muito jovem no mercado de trabalho, eu já tinha tido a experiência de conviver com pessoas de diferentes gerações e formas de pensar, e isso nunca foi conflituoso para mim. No entanto, eu via naquele ambiente algumas disputas e comentários, que os mais novos pareciam ignorar os méritos dos mais antigos, assim como os mais antigos pareciam descredenciar os mais jovens em algumas de suas decisões. Lembro-me de que a matriz chegou a intervir com um programa global de pertencimento e gestão de clima e que muitos investimentos na área de pessoas passaram a ser realizados. Claro que eu não tenho do que reclamar durante minha estada como funcionária daquela empresa que me fez crescer muito e, por eu estar atenta aos movimentos, pude aprender e levar muitas referências na gestão de negócios que aprendi ali. Mas me impressionou o fato de uma empresa multinacional investir em programas globais para fazer com que as pessoas se sentissem bem.

Mais recentemente, pude conhecer outra empresa, que trabalha com pacotes de benefícios para grandes empresas do mundo todo. Dentre esses benefícios, estão palestras sobre saúde mental e inteligência emocional, além de serviços de sessões com psicólogos e *coaching* de desenvolvimento profissional.

Somando essas informações na minha mente, percebo o quanto as empresas hoje se preocupam com o equilíbrio de seus colaboradores e profissionais, de forma a reduzir rotatividade, aumentar o engajamento, elevar a performance e desenvolver líderes compatíveis às melhores práticas profissionais, pessoais e interpessoais.

Entendendo, então, o contexto ao qual nos levou a necessidade da Inteligência Emocional, pude identificar mais uma poderosa vantagem da Mentalidade 3 A, uma vez que, com pensamentos e referências devidamente organizados, somos capazes de nos adaptar com maior facilidade (lembra da QA?) e ainda reagirmos à pressão e aos imprevistos de maneira positiva (QP). A Mentalidade 3 A é a base para construirmos uma inteligência completa e plena. E aqui é o momento de falar do quarteto que prometi no início do capítulo.

Com os pensamentos e as referências organizados, somos capazes de nos adaptar.

A Mentalidade Aberta atua diretamente no intelecto, onde eu me permito captar o maior número de informações, referências, dados e aprendizados. Ainda que eu já os tenha visto, vou aprendendo de novas formas, aumentando, e muito, meu repertório pessoal.

Essa base sólida e rica de informações permite-me ser mais assertiva, tornando-me mais segura e confiante para contribuir em reuniões, participar em conversas de alto nível e ainda colaborar com projetos de desenvolvimento, o que me possibilita viver conquistas, ganhar o apreço de pessoas e, logo, me ajuda na inteligência emocional.

A Mentalidade Atenta atua diretamente na construção de valor da informação captada, desperta um olhar diferente para determinadas situações, agregando na adaptabilidade. Tornamo-nos menos resistentes às mudanças quando temos uma Mentalidade Atenta, justamente porque, na maioria dos casos, já entendemos as tendências e somos capazes, inclusive, de sermos agentes transformadores da mudança, ao invés de sofredores dela.

Quando nos tornamos menos sensíveis ao ambiente e às necessidades de adaptação, advinha quem fortalecemos também?! Ela mesma!! A tal da inteligência emocional.

E, por fim, a Mentalidade Ativa está diretamente ligada à positividade. Uma vez que as informações são constantemente qualificadas e arquivadas na sua mente, a verdade é que você não se desespera com o surgimento de um problema, pois, em grande parte dos casos, você já tem a resposta.

Isso reduz o estresse e a ansiedade em lidar com imprevistos, e, mais uma vez, sua inteligência emocional vai te agradecer.

É por isso que, mais do que alguém criativo, quando você alcança um nível pleno da Mentalidade 3 A, você também se torna uma pessoa mais tranquila, leve e feliz, pois passa a olhar para os problemas e desafios que surgem de maneira confiante, preparado e disposto a resolvê-los.

É primordial destacar que a Mentalidade 3 A em nada substitui a ação de profissionais de terapia, psicologia, psiquiatria ou neurológia. O objetivo desde livro é apresentar a Mentalidade e seus fundamentos práticos e validados como uma ferramenta para a solução de problemas de forma que você mesmo possa desenvolvê-la e aplicá-la com facilidade na sua vida, na liderança e no trabalho. No entanto, a ferramenta não substitui as indicações médicas e terapêuticas para tratamentos com foco na saúde mental.

Capítulo 6.

Mentalidade 3 A & Liderança

Para quem não sabe para onde vai, qualquer caminho serve!

(Cheshire – Alice no País das Maravilhas)

Afinal, o que é liderança para você? Quando você pensa na figura do líder, o que vem à sua mente? Um guia, um maestro, um condutor, aquele que vai atrás dando proteção?

Liderança pode ser vista e traduzida de diversas formas; isso porque cada líder é único. Sim! Você é uma pessoa única, logo, sua liderança também é única. Você pode adotar práticas conhecidas, tomar decisões e atitudes inspiradas em grandes líderes, mas o seu jeito é único, logo, sua liderança também é única.

Daniel Goleman, psicólogo e escritor norte-americano, autor do livro *Inteligência emocional*[24], define seis estilos de liderança[25], que seriam: liderança transformadora, liderança *coaching*, liderança agregadora, liderança democrática, liderança coercitiva e liderança autoritária. O fato de muitas vezes não nos identificarmos com algum desses modelos, ou não aceitarmos alguns tipos de liderança, não podemos julgar como correto ou incorreto, mas, sim, entender que um, ou mais de um, estilo de liderança sempre é adotado sob condições como o perfil do líder, ambiente, liderados e entre outros fatores, justamente o que torna cada liderança única.

Claro que aqui, quando digo que não existem modelos certos e errados, estou falando apenas das definições de liderança de Goleman e considerando que todos são exercidos com ética, respeito e integridade, características inegociáveis para um líder, uma vez que, transgredidas ou ignoradas, gerarão práticas abusivas e tóxicas, que não podem ser consideradas como liderança. Mesmo nos estilos de liderança coercitiva ou autoritária, cujos nomes acabam assustando a muitos num primeiro impacto, Goleman

---

[24] Publicado no Brasil em 1996 com o título *Inteligência emocional: A teoria revolucionária que redefine o que é ser inteligente* pela Editora Objetiva.

[25] Seis estilos de liderança de Daniel Goleman publicados pela Fundação Instituto de Administração, no Blog blog.fiaonline.com.br, em 20 de outubro de 2023.

destaca que uma má execução de suas técnicas e seus princípios pode trazer impactos negativos. Em vista disso, a importância de se conhecer boas práticas e buscar por referências de líderes para se inspirar.

Assim como a criatividade, a liderança também é uma competência que pode ser desenvolvida ao longo da vida, sob aquisição de conhecimentos e práticas comportamentais. Por conseguinte, e após minha visita às empresas nos Estados Unidos com o objetivo de aprender e estudar os modelos de liderança adotados lá, vejo que a Mentalidade 3 A é, seguramente, uma das maiores ferramentas para o exercício de uma nova liderança: a liderança criativa.

Se você colocar no Google "liderança criativa", vai ver o termo muito associado a *startups*, ou a ambientes e equipes de inovação e projetos. Outras vertentes levam o conceito mais para uma espiritualização ou adoção de práticas menos científicas no ambiente de trabalho.

A verdade é que a liderança criativa pode ser adotada em qualquer ambiente e de diversas formas, seja para tornar o ambiente mais favorável às ideias e à inovação, seja para mapear tendências, para conduzir grandes times de vendas e equipes consolidadas, ou para desenvolver uma equipe de jovens talentos com meus amados Gen Z. Isso porque a liderança criativa compreende conhecer uma ampla gama de técnicas, estilos e conceitos de liderança e aplicá-los em seu propósito.

A verdade é que a liderança criativa pode ser adotada em qualquer ambiente.

Se algo precisa de referências externas, gestão e organização de informações e ferramentas captadas em diversas fontes e adaptação para aplicação em sua realidade, que outra ferramenta pode ser melhor e mais acessível para esta tarefa, se não a Mentalidade 3 A?

Um dos aprendizados recentes que tive sobre liderança é que seu título não o torna um líder. Ser gerente, diretor, C-*level* ou ostentar qualquer rótulo corporativo que o coloque em uma posição hierarquicamente mais alta que outros colaboradores no meio corporativo não é garantia de que você se tornou um líder, mas, sim, assumiu uma chefia, e as cobranças sobre a área que você administra serão concentradas em você. Isso porque a liderança não é algo dado, mas, sim, lapidado por meio de tentativas, erros e acertos. Dado isso, é vantajoso quando se assume uma posição de destaque já com alguma bagagem ou, como tenho chamado aqui, repertório mental.

Assumindo e desenvolvendo uma Mentalidade 3 A antes de seu crescimento profissional, você terá uma maior competitividade e capacitação para se desenvolver como líder. Isso porque você já terá seu cérebro e sua mentalidade treinados a enxergar desafios no lugar de problemas e já terá aprendido a conectar pessoas, informações e locais que arquivou na sua mente, orquestrando esses fatores para gerar sua solução. Ao assumir a liderança, você ganhará pessoas estratégicas e fixas no tabuleiro para movimentá-las como em um jogo de xadrez. Se associar a visão de um jogo à liderança incomoda-o, voltemos, então, à ideia do guarda-roupas. Ao ter uma equipe, você terá novos nichos e gavetas repletos de conhecimentos e informações externas, que você poderá incentivá-los a acessar e conectar para resolver problemas. Desenvolva essa habilidade em sua equipe, e seu departamento, seja ele qual for, voará.

É por esse motivo que, diferentemente de Alice[26], que, ao chegar no País das Maravilhas, não sabia seu destino, um líder com a Mentalidade 3 A precisa ter claros seus objetivos a serem alcançados, pois somente um propósito é o primeiro passo para qualquer liderança, inclusive a criativa.

As empresas, para nortear quem são, aonde pretendem chegar e o que as sustenta para isso, ostentam, em suas composições corporativas, missão, visão e valor. Mais recentemente, popularizou-se também que empresas criassem seus propósitos, e mais uma frase bonita passou a compor seus sites, quadros de comunicação institucional e assinaturas de e-mail.

No entanto, existe uma grande diferença entre as empresas que vivem verdadeiramente seus valores e propósitos e aquelas que apenas os têm em suas paredes. Pude ver, nos Estados Unidos, que as empresas que realmente funcionam baseadas em valores e são fiéis ao seu propósito conquistam a liderança, mantêm-se na posição, são sólidas e capazes de perpetuar seus legados, transformando seus colaboradores em embaixadores de sua cultura e permitindo que todos cooperem em realizar da melhor forma o que a organização se propõe a fazer. Ao ver os líderes que deram origem às grandes empresas, percebo que todos eles foram líderes criativos e que, mais que pensar fora da caixa, tiveram uma Mentalidade 3 A.

Um exemplo é Walt Disney. Seus parques nasceram porque ele viu uma oportunidade em um problema em que muitos se

---

[26] *As Aventuras de Alice no País das Maravilhas*, frequentemente abreviado para *Alice no País das Maravilhas*, é a obra infantil mais conhecida de Charles Lutwidge Dodgson, publicada em 4 de julho de 1865, sob o pseudônimo de Lewis Carroll. É uma das obras mais célebres do gênero literário *nonsense*.

conformariam. Isso porque Walt levava suas filhas para brincar em um parque em Los Angeles e, sentado em um banco observando-as, se pegou imaginando como seria se existisse um lugar onde pais e filhos pudessem brincar juntos. Ele poderia apenas ter pensado "Ah como seria bom...", mas ele era criativo e inovador! Então, mais do que imaginar, com sua mente aberta à ideia que sua observação lhe trouxe, atenta ao desejo de como um adulto pode participar da diversão com as crianças, e ativa às possibilidades de que poderia ser viável criar um ambiente para que adultos pudessem entrar em um carrossel com crianças, ele projetou e foi capaz de construir a Disneyland, que até hoje é sinônimo de sonhos e realizações para tantas pessoas ao redor de todo o mundo.

O resultado do uso da Mentalidade 3 A na liderança criativa é justamente a disrupção. Apenas um líder com a Mentalidade 3 A é capaz de, mais do que mobilizar pessoas em prol de seus sonhos, fazer com que mais pessoas sonhem junto e acreditem que é possível realizar. Afinal, o próprio Walt deixou sua célebre frase para nos encantar e motivar: "Se você pode sonhar, você pode realizar."

Liderança é, indubitavelmente, sobre resolver problemas. E na liderança com a Mentalidade 3 A, a solução de um problema torna-se um propósito com potencial de virar um legado.

Capítulo 7.

A Mentalidade 3 A & Prosperidade

Ser o homem mais rico do cemitério não importa para mim... Ir para a cama à noite dizendo que fizemos algo extraordinário... É isso o que importa para mim.

(Steve Jobs)

Antes de iniciar este capítulo, quero fazer uma pergunta. Mas antes de respondê-la, convido-o a avaliar se sua mentalidade já está Aberta, Atenta e Ativa. A pergunta em questão é: o que é prosperidade para você?

Por muito tempo, prosperidade, para mim, se resumia em posses financeiras. A cada ano, ao desejar "Feliz Natal e Próspero Ano Novo" para alguém, eu imaginava uma conta bancária recheada, como diz a música: "Com muito dinheiro no bolso".

No entanto, conforme fui adquirindo conhecimento, informações e conectando-as em meu cérebro, assim como vivenciando experiências e conhecendo histórias de pessoas próximas, percebi que, sim, dinheiro é muito bom e tem o poder de ajudar e facilitar alguns caminhos. O dinheiro não é capaz de comprar a felicidade, nem de conquistar a salvação, mas é indiscutível que algumas portas se abrem com maior facilidade para quem tem dinheiro e que, com dinheiro, algumas oportunidades são mais bem aproveitadas por alguns. É por isso que algumas frases populares, como "dinheiro chama dinheiro", são tão permeadas em nossa cultura.

A ideia de dinheiro aqui vai além do conceito de capitalismo, consumismo ou classe social. Por causa disso que, no início, eu pedi que você já começasse a estimular sua Mentalidade 3 A para trabalhar a seu favor e lhe proporcionar um aprendizado proveitoso para sua vida.

Isso porque, primeiramente, o tema central deste capítulo será sobre prosperidade, mas é preciso termos um entendimento correto sobre o dinheiro antes de iniciar. Isso porque grande parte das pessoas não prospera ou não se sente próspera, justamente por se permitir ser escrava do dinheiro.

Entendo que, no fim do mês, com os boletos chegando e a conta esgotada, é algo que tem um forte potencial de nos desconcentrar, limitar nossos pensamentos e, consequentemente, bloquear a ativação da Mentalidade 3 A. Por essa razão, julguei ser tão relevante escrever este capítulo, que, para mim, também foi muito difícil.

Por vezes, eu tive dificuldade de encontrar uma posição saudável e equilibrada do dinheiro na minha vida. Por muito tempo, eu vivi em dois extremos: ou eu estava sempre em função de ganhar dinheiro trabalhando muito; ou eu estava completamente doadora e zen, sem me importar com bens materiais. Mas a verdade é que, nas duas situações, a minha conta bancária estava sempre no vermelho e nem sempre eu conseguia identificar o motivo de parecer que o dinheiro simplesmente evaporava.

Contar isso não é algo fácil, até porque a Mentalidade 3 A não é uma metodologia financeira. Para isso, aconselho você a ler *Pai Rico Pai Pobre*[27], que tenho certeza de que vai te ajudar a ter novos entendimentos especificamente sobre o dinheiro. Mas a Mentalidade 3 A depende de abundância de informações, ideias, experiências e espaço cerebral para armazená-las, organizá-las e acessá-las, e uma mente ocupada e preocupada com dinheiro, ou com a falta dele, não vai performar plenamente na Mentalidade 3 A.

Então, antes de falarmos sobre prosperidade, é indispensável sabermos o lugar que o dinheiro ocupa em nosso cérebro e organizarmos. Vamos voltar à ilustração do guarda-roupas aqui. Um guarda-roupas tem prateleiras, nichos, gavetas e cabides, certo? Neste momento, você também já entendeu a importância de um guarda-roupas organizado e de fácil acesso às informações contidas nele. Agora, vamos incluir neste guarda-roupas um

---

[27] *Pai Rico, Pai Pobre* é o primeiro *best-seller* de Robert Kiyosaki e Sharon Lechter. Ele advoga a busca pela independência financeira por meio de investimento, imóveis, ter seu próprio negócio e uso de táticas financeiras de proteção do patrimônio.

cofre. Você pode imaginar este cofre do tamanho e formato que bem entender, mas o importante é ele ter um lugar só dele nesse guarda-roupas, que é a sua mente.

Agora que você acabou de instalar seu cofre, dê um passo atrás e observe a estrutura como um todo. A imagem que você vai ver será a de um armário cheio de coisas relevantes e, entre elas, um cofre. Essa é a proporção e o local que o dinheiro passará a ocupar na sua mente a partir de hoje. Sempre que você se vir com preocupações relacionadas ao dinheiro, isso significa que você não estará de frente para o seu guarda-roupas com visão completa de tudo que tem guardado lá, mas, sim, limitado e aprisionado dentro de um cofre que, por maior que o tenha imaginado, não foi feito para você ficar dentro dele, mas apenas seu dinheiro. Lá ele estará organizado, e você poderá visitá-lo periodicamente para se organizar. Com ele em seu devido lugar, você tem espaço e visão do todo, de forma que você poderá desenvolver sua criatividade com a Mentalidade 3 A e, o melhor, usar recursos que você já tem, como ideias, talentos ou uma atividade de expertise, para gerar o recurso que você talvez ainda não tenha: o dinheiro. E é aqui que vamos começar a falar sobre prosperidade.

A palavra prosperidade é comumente definida como um estado de abundância, no entanto não é em todas as definições que ela é atribuída à fortuna, a bens ou à riqueza, apesar de, na maioria das vezes, seu uso ser relacionado restritamente a esse contexto. Mas felicidade e sucesso também são atribuídos à prosperidade, e talvez seja aqui onde temos um solo a explorar com a Mentalidade 3 A.

Como expliquei no início, a Mentalidade 3 A tem o poder de captar, organizar e utilizar informações ao longo de sua vida para gerar soluções a problemas de todos os tipos e categorias.

Logo, quanto mais próspera estiver a sua mente de informações, mais insumos você terá para construir soluções, gerar ideias e alcançar a prosperidade em seu trabalho e seus negócios, por meio do sentimento de conquistas e sucesso que uma boa solução pode gerar.

Aqui não estou prometendo que usar a Mentalidade 3 A em seu ambiente de trabalho fá-lo-á ser promovido e ganhar um maior salário. Apesar de ser possível que isso aconteça, se você estiver em um ambiente ou uma cultura em que o sucesso e as conquistas pessoais não são reconhecidos, provavelmente você vai frustrar-se e desacreditar da Mentalidade 3 A. Sendo assim, o primeiro passo é entender seu contexto e quem você é ali. Seu ambiente de trabalho tem abertura para você prosperar? Se sim, parabéns! Você precisará apenas entender a melhor estratégia, investir dedicação e tempo para se destacar e viver seu crescimento profissional. Se não, talvez seus esforços com a Mentalidade 3 A possam ser limitados ao seu dia a dia naquele local e dedicados a outras atividades, como uma forma de ganhar uma renda extra. E fora do ambiente de trabalho? Neste caso, a notícia que tenho a te dar é uma só: você tem grandes oportunidades de empreender.

Quero lembrar que o contexto que estou aplicando aqui da Mentalidade 3 A está relacionado à produtividade. Logo, atribuo os exemplos ao ambiente profissional e à carreira. Mas talvez você ainda não trabalhe, e neste caso sua oportunidade de prosperar com a Mentalidade 3 A é conquistando o maior mérito possível em seus estudos, nas atividades diárias, ou no que quer que você faça.

A verdade é que, se prosperidade está diretamente ligada à abundância, quanto maior a quantidade de informações que você tem na mente, mais conexões você é capaz de fazer, mais ideias você vai gerar e, ainda que, para se sentir próspero e bem-sucedido, você entenda que precise de recursos, poderá produzir algo para conquistar o seu dinheiro. Isso é o que eu quero dizer com usar o que tem, como ideias, conhecimento, influência, comunicação, entre outras habilidades, para conseguir o que não tem. Neste caso, vemos como exemplo tantos empresários bem-sucedidos porque começaram a dar aulas, criar e vender cursos, marketing digital, consultorias e, até mesmo, como estou fazendo, escrever um livro. Tem algo em você que ninguém é capaz de tirar, e esse algo, com uma mente suficientemente Ativa, é capaz de transformar cenários de escassez em ambientes prósperos.

Uma mente suficientemente Ativa é capaz de transformar cenários de escassez em ambientes prósperos.

Antes de concluir este capítulo, não tenho como não citar, como exemplo de como uma mente Aberta, Atenta e Ativa gera prosperidade, o caso do grande Senor Abravanel, conhecido como o querido comunicador, apresentador e empresário Silvio Santos.

Silvio Santos, com sua risada característica, seus bordões carismáticos e aviõezinhos de dinheiro lançados para sua plateia feminina, construiu sua ampla carreira no entretenimento televisivo, utilizando o que ele tinha de melhor: sua comunicação. A mesma comunicação que o ajudou a vender enquanto camelô levou-o para a rádio, fê-lo iniciar seus empreendimentos nos mais diversos segmentos, onde se consolidou, ganhando confiança e reconhecimento de seu público, deixando um legado inspirador para nossa geração. Então, sem dúvidas, além de homenageá-lo nestas linhas, tenho grande convicção em afirmar que ele é um dos maiores exemplos públicos da relação entre uma mentalidade que resolve problemas com criatividade e prosperidade.

Capítulo 8.

Desenvolvendo a Mentalidade 3 A

A criatividade é a inteligência se divertindo.

(Albert Einstein)

Talvez, ao ler tudo o que representa a Mentalidade 3 A, como ela funciona e sua relação com a forma de pensar dos grandes inovadores, criativos e resolvedores de problemas, a seguir, você encontrará dicas práticas para o desenvolvimento da Mentalidade 3 A na sua vida também, desenvolvendo sua criatividade e aprimorando sua forma de ver o mundo com uma Mentalidade Aberta, Atenta e Ativa na solução de problemas.

CURIOSIDADE

Quando eu era criança, assistia a um programa chamado "Castelo Rá-tim-bum", transmitido na TV Cultura, canal aberto da TV brasileira. O programa contava as aventuras de três crianças que descobriam acidentalmente um castelo mágico, onde fazem amizade com um jovem bruxo e por ali brincam diariamente, trocando aprendizados, entretendo e ensinando também os telespectadores.

No programa, tinha um personagem chamado Zequinha, o caçula dos três amigos e que tinha uma personalidade bem adequada ao estereótipo de uma criança de 5 a 7 anos, com muita energia e vontade de aprender. Na história, ele passava pela fase dos "porquês", que a maioria das crianças vive. No entanto, quando ele começava a perguntar o porquê de algo, conforme seus amigos davam respostas, outro porquê surgia (como acontece no espiral da inovação), até que, ao esgotar a paciência de seus amigos, o caçula ouvia a resposta final "porque sim!". Na sequência, entrava o Tele Kid, personagem de Marcelo Tas[28], respondendo a dúvida da criança de uma forma lúdica e professoral.

As grandes mentes da história criativa comprovam que pessoas curiosas têm maior potencial criativo. A curiosidade aqui não é necessariamente aquela versão infantil do perguntador, apesar de as crianças serem de fato excelentes exemplos de curiosidade, mas muitas vezes julgamos suas fases de perguntas óbvias como uma intenção de testarem os limites de seus responsáveis ou obterem atenção e, com isso, acabamos desprezando o papel da curiosidade e sua importância em nosso crescimento e desenvolvimento.

A curiosidade nos permite querer conhecer além de nossa zona de conforto, nos estimula a elaborar perguntas ainda que pareçam óbvias, mas suficientes para nos permitirem ir sempre a um nível mais profundo nos assuntos.

Uma forma interessante de exercer a curiosidade é com pequenas ações ao longo do dia, como ler a lista de ingredientes nas embalagens, observar na sua rota diária quais são os estabelecimentos pelos quais você passa e talvez nunca tenha entrado, perguntar a pessoas próximas a você se elas conhecem alguma forma diferente de fazer algo que você já faz no automático (por exemplo, arrumar a geladeira).

Esses pequenos exercícios ajudarão a abrir a mentalidade para garimpar informações e a elaborar perguntas, não se contentando com um apenas "porque sim".

---

[28] Marcelo Tas é um apresentador, ator, roteirista, diretor e escritor brasileiro. Participou da programação infantil da TV Cultura, no período de 1990-1994, como o Professor Tibúrcio no programa Rá-Tim-Bum e, de 1994-1997, como Telekid no programa Castelo Rá-Tim-Bum.

IMAGINAÇÃO

Muitas vezes, quando queremos criar ou resolver um problema, temos o hábito de focarmos tão profunda e exclusivamente no tema que, ao invés de abrir a mente, tendemos a fechá-la. Nesse momento, a melhor forma de sair da caixa é se você ter desenvolvido um alto potencial de imaginação.

Certa vez, a expressão "pensar fora da caixa" gerou-me um incômodo. Estava com colegas do departamento, na empresa onde eu trabalhava na época, e precisávamos pensar em ideias para um lançamento. O trivial já estava no papel, e estávamos com um bloqueio criativo, em que tudo o que pensávamos era mais do mesmo e tinha estratégias sem muita força, ou fora de nosso orçamento. Então, ouvi de uma pessoa presente na sala: "precisamos pensar fora da caixa". Naquele momento, lutei contra a ofensa que aquele comentário soou. Como eu, uma pessoa que sempre foi reconhecida por ser criativa, não conseguia ter uma boa ideia? Mas, de repente, quase que como em uma epifania, eu me imaginei saindo de dentro de uma caixa e, ao olhar do lado de fora, via simplesmente a caixa.

Mas, mais do que uma caixa cheia de ideias comuns, eu conseguia ver de outro ângulo que uma caixa não é usada apenas para guardar coisas, mas pode ser usada para embalar, transportar e COMUNICAR. Ali tivemos uma ideia de melhorar embalagens dos produtos e aprimorar as caixas de transporte para comunicar o lançamento em toda a jornada do produto até o ponto de venda. Pode não ter sido a ideia mais inovadora para nós ou o setor, mas resolveu o problema que tínhamos no momento com criatividade, e ainda sobrou orçamento para outras ações de apoio.

A melhor forma de sair da caixa é você ter desenvolvido um alto potencial de imaginação.

A imaginação tem esse poder de ajudar a ver diferentes pontos de vista. É usando a imaginação associada a dados que as personas são criadas para auxiliar no mapeamento de público para produtos e marcas. Não à toa que existem tantas ferramentas e metodologias que ajudam a concentrar os padrões de personalidades e comportamentos, auxiliando a definir *clusters* com interesses, desejos e anseios a serem atendidos.

CONEXÕES

Conexões saudáveis, *networking* de qualidade e trocas de aprendizados são fundamentais para o uma Mentalidade 3 A aprimorada.

Certa vez, num grupo de mulheres de negócios que participo, ouvi a seguinte frase, que é uma verdade sobre como fazer conexões da maneira correta: "No *networking*, você precisa ser interessante, estar interessado e não interesseiro". Essa é a mais pura realidade e a essência das conexões saudáveis.

No networking, você precisa ser interessante,
estar interessado e não interesseiro.

(Keila Prates)

Praticar a Mentalidade 3 A no momento das conexões é fundamental para praticar o *networking* ideal.

Isso porque, ao se conectar com pessoas com uma Mentalidade Aberta, você vai querer aprender mais, ouvir genuinamente a outra pessoa com quem você está se conectando. A Mentalidade Aberta vai permitir que você esteja mais interessado e sem preconceitos para conhecer mais sobre a outra pessoa, ouvir o que ela tem a dizer e absorver o que está sendo trocado. Com a Mentalidade Ativa, você será capaz de acessar seu arquivo pessoal e áreas de conhecimento para desenvolver a conversa, estabelecendo uma troca genuína e enriquecedora, contribuindo com a conversa e mostrando-se interessante. Por fim, a Mentalidade Atenta é o que vai poli-lo e captar oportunidades, seja para uma amizade, seja para negócios sustentáveis e agradáveis para todas as partes envolvidas.

Além do mundo de negócios, as conexões são de grande importância para o convívio humano, e, quanto mais diversos os ambientes e as conexões, maior riqueza de conteúdo pode ser trocada, beneficiando, então, que sua Mentalidade 3 A esteja cada vez mais intrínseca na sua vida.

Algumas sociedades acabam isolando-se, seja por conceitos políticos, seja ideológicos ou culturais, e, curiosamente ou não, elas, apesar de conquistarem uma sustentabilidade econômica em alguns casos, em outras áreas como cultura, arte, inovação e criatividade, acabam mostrando-se mais limitadas do que outras sociedades mais abertas à troca e à diversidade, principalmente a diversidade intercultural. Aqui a intenção não é julgar certo ou errado, mas alertar para a importância de estabelecer conexões com a mentalidade correta, que venha a agregar e contribuir com o ambiente.

PEQUENAS CONVERSAS

Infelizmente, os papos casuais com a pessoa ao lado no transporte público, ou o vizinho no elevador, tem perdido seu valor após o advento do *smartphone*, e cada vez mais as pessoas vêm buscando a introspecção com uma postura "não estou afim". No entanto, boas pequenas conversas podem ser surpreendentes! Eu mesma já tive excelentes ideias e percepções após um breve papo no avião com a pessoa na poltrona ao meu lado. Conheço história de negócios que nasceram após uma pequena conversa e até mesmo soluções para problemas que pareciam muito complexos.

A verdade é que, ao praticar uma pequena conversa, mais do que estar trocando informações, você está desligando uma parte do cérebro relacionada ao julgamento das informações. Em conversas casuais com pessoas desconhecidas, você não tem a pretensão de desenvolver uma amizade, logo, não espera que a outra pessoa ache você agradável. Assim como você se desarma, do outro lado, a recíproca é igual. Então, filtros tendem a cair, assim como receios com fofoca ou pensamentos maldosos. Afinal, possivelmente, após 10 minutos, você nem sequer vai lembrar do rosto daquela pessoa.

É por isso que pequenas conversas podem ser tão úteis para a criatividade. Uma pérola ou grande ideia pode nascer de um breve diálogo, se você estiver com sua mente atenta e ativa ao conteúdo.

Claro que pequenas conversas saudáveis não são inconvenientes ou invasivas. Posto isto, mantenha-se atento à linguagem a ser utilizada e tenha cuidado com o excesso de perguntas. Para iniciar pequenas conversas, a dica é começar pelos assuntos neutros e despretensiosos, como o clima, o trânsito etc.

NOVAS EXPERIÊNCIAS

Você já pintou um quadro? Já testou uma nova receita? Já pensou em mudar seu trajeto para o trabalho? Já utilizou uma nova rede social ou uma IA? Alguma vez praticou um novo esporte?

Uma futurista que acompanho há muitos anos e respeito demais, certa vez, em um de seus cursos que eu participei, disse: "Experimente o novo". Na ocasião, ela contou a vez em que pilotou um drone.

Pouco tempo depois de ouvir aquele relato, foi lançado no Brasil o TikTok, e eu rapidamente criei uma conta para experimentar. Depois disso, tudo foi motivo para experimentar algo novo. Ao ouvir aquele conselho, minha Mentalidade Ativa logo trabalhou, e eu passei a me abrir mais para o novo; e tenho certeza de que foi quando minha Mentalidade Aberta mais se desenvolveu.

O mais incrível quando nos propomos a experimentar algo novo é que passamos a atuar na vanguarda das inovações. Antes do *boom* das IAs, eu já utilizava e havia aprendido a escrever *prompts*, o que me ajudou a navegar bem nas ferramentas e conseguir bons resultados.

Aproveito aqui para abrir um parêntese: apesar de ser *heavy user* das IAs, este livro não foi escrito por uma, mas, sim, pela inteligência real da minha cabecinha, pelas memórias, pela experiência, pelas percepções e pela metodologia da Mentalidade 3 A que eu ensino aqui.

Voltando ao cerne deste tópico, antes de quebrar paradigmas e viver novas experiências, é preciso entender que este é um exercício diário e recorrente em nossas vidas. Nosso cérebro é pré-programado para repetir padrões, criar atalhos e caminhos óbvios, com o intuito de poupar energia. Isso é um recurso de autopreservação e não significa que ele seja preguiçoso, mas, como seres racionais que somos, podemos conscientemente organizar as decisões que queremos tomar e aquelas que podemos deixar no piloto automático, por exemplo, estabelecendo uma rotina de coisas triviais e dedicando tempo ao novo. , o ócio criativo e a curiosidade são tão essenciais para alimentar a criatividade.

Experimentar algo novo fez-me viver experiências incríveis! Tornou-me mais corajosa, menos preconceituosa, aumentou meu sentimento e a percepção da minha autocapacidade, tornou-me menos ansiosa (e se você está vivendo um momento de ansiedade na sua vida, aconselho a releitura do capítulo da Mentalidade 3 A & a Inteligência Emocional) e ainda me proporcionou a viver experiências incríveis.

Eu entendo que muitas vezes o novo pode assustar, e muitos *influencers* famosos costumam dizer "vai com medo mesmo", mas meu conselho é um pouco diferente. Não vá com medo para algo novo. Se a oportunidade de vivenciar algo diferente está dentro de seus limites (sim, precisamos respeitar-nos e manter nossa integridade física), experimente o novo com uma Mentalidade Aberta, Atenta e Ativa e surpreenda-se!

VIVA SUA IDENTIDADE

Ter alvos clássicos de crescimento, metas e objetivos é fundamental, inclusive para ajudá-lo a organizar as informações que você absorve ao longo de sua vida e tornar a Mentalidade 3 A mais eficiente e presente na sua vida. Porém, é preciso observar-se e tomar cuidado com o nível de saudabilidade de seus anseios e projeções.

A questão não é viver de maneira monótona ou sem gana, porque assumir uma postura mais passiva à vida não vai impulsioná-lo a crescer e, na verdade, fá-lo-á ir na contramão da Mentalidade 3 A, que tem como um de seus preceitos a Atividade.

Já falei anteriormente sobre a necessidade de classificar o conteúdo absorvido e, portanto, a Mentalidade Atenta, mas, no contexto atual, é preciso reforçar, principalmente porque estamos chegando ao final deste livro e sua mentalidade já foi transformada para chegar aqui com um entendimento muito mais amplo.

Quando nos tornamos conscientes da importância das informações em nossa vida, a tendência é ampliarmo-nos para assistirmos mais *podcasts*, lermos mais, buscarmos mais referências, e com isso vem o risco de nos compararmos com outras pessoas; e, ao invés de ganharmos inspirações, passamos a nos comparar.

Em vista disso, aqui a dica é a seguinte: a régua que mede o outro não necessariamente é a régua que medirá sua vida. Seu ritmo não é o mesmo da outra pessoa. O fato de alguém ter alcançado um objetivo semelhante ao seu em tempo menor, ou em uma fase da vida que você considere mais vantajosa que a sua, não significa que você não alcançará, ou não será capaz de desfrutar da mesma forma, ou até melhor.

Por isso, ao estar com a sua mente mais Aberta, Atenta e Ativa para a captação de informações e inspirações para seu repertório criativo, assuma esta mesma mentalidade para olhar para si mesmo com justiça e benevolência.

Sim, certamente você encontrará muitos pontos a corrigir, mas tenho certeza de que também encontrará muitas forças e características únicas que, somadas às suas ideias e à forma de ver a vida, o tornam uma pessoa capaz de vencer desafios, quebrar barreiras e resolver problemas com criatividade, inovação e leveza, ganhando seu lugar ao sol e conquistando seus objetivos.

Dessarte, esta dica, apesar de curta e objetiva, é tão importante neste momento. Você está prestes a colocar a mão na massa, ou melhor, a mente para receber muitas informações e gerar soluções. Então, é fundamental que você saiba quem você é e caminhe seu próprio trajeto. Sua identidade é a maior joia que você carrega. Lembra-se do guarda-roupas? Pois bem, não adiantaria você aprender a organizá-lo se ele não existir. Então, valorize a si mesmo.

Sua identidade é a maior joia
que você carrega

Se sentir que precisa de ajuda ou apoio para encontrar sua real essência, tenho certeza de que você será capaz de encontrar bons programas e profissionais que o ajudarão nesta caminhada, com técnicas compatíveis, inclusive, às suas crenças e aos seus valores. O recado mais significativo aqui é: você pode alcançar lugares altos sendo você mesmo; não renuncie a isso nem tente viver uma vida que não é a sua. Busque inspirações, não comparações.

Conclusão

Energia para suas Ideias

Se você pode sonhar, você pode realizar.

(Walt Disney)

Criative-se

AAA é como são denominadas as pilhas utilizadas mais comumente em controles remotos, também conhecidas como pilhas palito. E, coincidentemente, a Mentalidade 3 A, que também é AAA, é a energia necessária para suas ideias, de forma a dar o controle das informações em sua mente, de forma que se conectem e gerem soluções sobre as quais você é o protagonista, ou o criador.

Seja você um jovem, ou alguém já mais maduro, lhe der o domínio desta fonte de energia para ideias e soluções, que é a Mentalidade 3 A, é uma grande conquista para mim e faz parte de meu propósito pessoal, que é gerar a transformação de pessoas e negócios por meio da criatividade estratégica e da inovação.

Eu acredito que mentes criativas são mentes libertas, organizadas, líderes de si mesmas, compreensivas, dispostas a aprender e a contribuir. Nesse sentido, acredito fortemente que a criatividade precisa estar presente e a pleno vapor nas pessoas, e só por meio dela será possível transformar o mundo em um lugar muito melhor para as gerações futuras. Quando me refiro à criatividade como um fator para transformar, não estou idealizando um mundo utópico ao nível da família Jetsons[29], com a expectativa de pilotar carros voadores, mas idealizo um universo mais flexível, onde grandes soluções surjam independentemente das camadas econômicas, onde novos sistemas sejam criados e novas descobertas realizadas. Para isso, é necessário conectar informações, criar soluções que gerarão demanda por cada vez mais soluções e inovações, evidenciando pessoas por suas competências de criar e se adaptar a um ambiente em constante mudança e movimento.

---

[29] *Os Jetsons* é o título de uma série de TV em desenho animada. Foram apenas 24 episódios, veiculados pela primeira vez entre setembro de 1962 e março de 1963. Apesar disso, o desenho animado teve grande influência na cultura popular.

Os cientistas cognitivos John Kounios e Mark Beeman[30] defendem que, no momento em que surge uma grande ideia, é como se nosso cérebro se iluminasse – talvez seja por esse motivo que as ideias são representadas por uma lâmpada. E o papel da Mentalidade 3 A é ser o caminho que o levará até esse interruptor, fazendo com que os hemisférios de seu cérebro conectem-se e surjam soluções.

É por isso que, mais do que concluir uma obra que apresenta muito do que eu acredito, relacionado à criatividade, eu encerro também com um convite a você, que talvez não acredite ainda em seu potencial criativo, ou na sua capacidade de desenvolver esta ferramenta. Mas a verdade é que, ao promover uma nova mentalidade, você será encorajado a também adotar novas atitudes que poderão levá-lo a resultados diferentes do que você tem experimentado até hoje, e é este novo ambiente que eu te convido a acessar imediatamente a partir do término de sua leitura. Não deixe estes ensinamentos ficarem presos apenas entre as lindas capas deste exemplar, mas absorva e os pratique até que se tornem parte de sua natureza e você comece a desfrutar de uma criatividade mais aflorada e presente em sua vida.

---

[30] John Kounios e Mark Beeman são cientistas PhDs em psicologia e autores do livro *O Fator Eureka*, escrito em 2015 por eles, detalhando tudo o que descobriram em suas pesquisas sobre como geraremos ideias.